智能化融媒体新形态教材
岗课赛证融通式精品教材

U0679727

ERP 沙盘模拟企业经营实训教程

主　　编	周胜芳	刘　波	戴冬情
副 主 编	叶洁汝	李贝贝	宋扬扬
	李雨芊	孙思迪	邓茂兰
	石文伶		
参　　编	吕　卫	章凡华	卢红辞
	孙松鹤		

中国出版集团
研究出版社

图书在版编目(CIP)数据

ERP 沙盘模拟企业经营实训教程 / 周胜芳，刘波，戴
冬情主编. —北京:研究出版社，2022.8
ISBN 978-7-5199-1301-4

Ⅰ.①E… Ⅱ.①周… ②刘… ③戴… Ⅲ.①企业管
理－计算机管理系统－教材 Ⅳ.①F272.7

中国版本图书馆 CIP 数据核字(2022)第 161879 号

出 品 人:赵卜慧
出版统筹:张高里 丁 波
责任编辑:范存刚

ERP 沙盘模拟企业经营实训教程

ERP SHAPAN MONI QIYE JINGYING SHIXUN JIAOCHENG

周胜芳 刘 波 戴冬情 主编

研究出版社 出版发行

(100006 北京市东城区灯市口大街 100 号华腾商务楼)

廊坊市广阳区九洲印刷厂 新华书店经销

2022 年 8 月第 1 版 2022 年 8 月第 1 次印刷

开本:787 毫米×1092 毫米 1/16 印张:12.75

字数:308 千字

ISBN 978-7-5199-1301-4 定价:48.00 元

电话(010)64217619 64217612(发行部)

前 PREFACE 言

对于即将毕业的大学生来说,就业压力始终是他们必须面临的一个问题。就业压力主要来源于学生对自己所学专业知识掌握程度的不自信,以及对未来找寻适合自己工作岗位的迷茫。对于想要创业的学生来说,在创业过程中将遇到各种各样的问题。"ERP沙盘模拟企业经营实训"课程作为一门实训必修课,使学生通过分角色扮演感受不同岗位的职责和挑战,了解现代企业的经营流程,并将自己所学的专业知识运用到企业模拟经营中,不断加深对自身专业知识体系在现实企业经营中的运用和理解,融"学"和"做"于一体。

"ERP沙盘模拟企业经营实训"课程是一门集知识性、趣味性和对抗性于一体的企业经营管理技能训练课程。该课程将受训学生分为不同合作小组,运用直观的沙盘教具,通过小组间的竞争开展教学。课程采用角色扮演、情景模拟等教学方法,实施企业经营决策模拟活动,让学生体验企业在生产、营销、采购、财务等环节的运作流程及经营管理历程,体验企业经营的风险和责任,探索企业经营管理之道。小组合作培养了学生的团队意识和合作精神,提高了学生企业经营管理的综合素质与能力,锻炼了学生运用所学理论及方法解决企业经营管理实际问题的能力,让学生感悟到企业经营的哲理,从而达到培养综合型人才的目标。

本书的特色:①增加了知识目标、能力目标和思政目标,便于教师和学生清楚每章节的学习目标;②每章知识讲解过程中均增加了案例导入、案例分享和创业者经验分享三类案例,以拓展学生的视野,为学生提供更加多元化的知识和经验;③每章还增加了知识点的视频讲解,为学生自学、复习及教师备课提供更多的学习素材。

本书是校企合作的结晶,由周胜芳、刘波、戴冬情担任主编。合作企业曼卡龙珠宝股份有限公司董事长孙松鹤先生也参与了本书部分案例的撰写。

本书的编写得到了学校领导与各位老师的积极支持和密切配合,在此一并表示衷心的感谢!作者在编写本书时也参阅了有关文献资料及用友公司提供的原始表格,在此向原作者表示诚挚的谢意!

由于作者水平有限,时间仓促,书中难免会有疏漏之处,敬请大家批评指正。

编 者

目 CONTENTS 录

模块一　ERP 沙盘模拟课程简介

📖 知识目标

1. 理解 ERP 沙盘模拟的含义。
2. 了解学习 ERP 沙盘模拟课程的意义。
3. 了解沙盘模拟的游戏规则。
4. 熟悉教师在沙盘模拟中扮演的角色。

扫码看视频讲解

💡 能力目标

1. 初步培养自己的企业经营管理意识，能从创业者角度做出企业经营各类决策。
2. 初步掌握 ERP 沙盘模拟课程游戏规则。

💬 思政目标

1. 培养创新创业的意识。
2. 提高学生在创业过程中的抗压能力、耐性以及谋划意识。

📑 知识导图

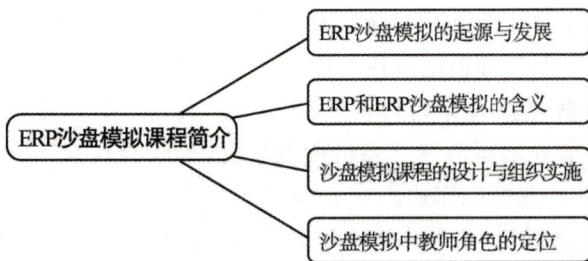

📋 案例导入

国家鼓励创新创业

　　"大众创业、万众创新"出自 2014 年 9 月夏季达沃斯论坛上李克强总理的讲话，李克强提出，要在 960 万平方公里土地上掀起"大众创业""草根创业"的新浪潮，形成"万众创新""人人创新"的新势态。2015 年 1 月 14 日国务院常务会议决定设立国家新兴产业创业投资引导基金，总规模为 400 亿元。2015 年 9 月 16 日国务院常务会议部署建设"大众创业、万众创新"支撑平台，提倡利用"互联网＋"，积极发展众创、众包、众扶、众筹等新模式，促进生产与需求对接、传统产业与新兴产业融合，有效汇聚资源，推进分享经济成长，助推"中国制造 2025",形成以创新为驱动的发展新格局。

2018 年 9 月 18 日,国务院下发《关于推动创新创业高质量发展打造"双创"升级版的意见》,提出强化大学生创新创业教育培训,在全国高校推广创业导师制,把创新创业教育和实践课程纳入高校必修课体系,允许大学生用创业成果申请学位论文答辩。

创业者面临的环境是多变的,充满了不确定性,这就要求创业者具有较强的应变能力和抗压能力。沙盘模拟教学是实践性很强的课程,学生通过模拟企业的运营,体验角色扮演,完成从理论知识到实践技能的转化,全面提升自身的综合实践能力。竞争的高仿真性,锻炼了学生分析问题、解决问题的能力,使学生在步入工作岗位之前就已熟悉企业运行的全过程,为未来就业创业打下良好的基础。很多学生在课后总结说:通过沙盘模拟学习,增强了面对各种困难的勇气。

(马梅若:《大众创业万众创新"战略扎实推进》,《金融时报》2015 年 9 月 21 日,有改动。)

思考:

1."大众创业、万众创新"对于中国的经济发展有何意义?

2.沙盘模拟课程对于创业者有何价值?

一、ERP 沙盘模拟的起源与发展

沙盘是根据地形图或实地地形,按一定的比例尺用泥沙、兵棋等各种材料堆制而成的模型。在军事上,常供研究地形、敌情、作战方案,组织协调动作和实施训练时使用。沙盘在我国已有悠久的历史。据《后汉书·马援列传》记载,公元 32 年,汉光武帝征讨陇西的隗嚣,召名将马援商讨进军战略。马援对陇西一带的地理情况很熟悉,就用米堆成一个与实地地形相似的模型,从战术上做了详尽的分析。这就是最早的沙盘作业。

1811 年,普鲁士国王腓特烈·威廉三世的文职军事顾问冯·莱斯维茨,用胶泥制作了一个精巧的战场模型,用颜色把道路、河流、村庄和树林表示出来,用小瓷块代表军队和武器,陈列在波茨坦皇宫里,用来进行军事游戏。后来,莱斯维茨的儿子利用沙盘、地图表示地形地貌,以算时器表示军队和武器的配置情况,按照实战方式进行策略谋划。这种"战争博弈"就是现代沙盘模拟作业。

19 世纪末至 20 世纪初,沙盘主要运用于军事模拟训练中,第一次世界大战结束后,沙盘才在战争中得到实际运用。

到 20 世纪末,沙盘被广泛运用到各个领域,如建筑业、房地产业等。

沙盘也被运用到教育领域。从 20 世纪 50 年代开始,国外一些知名商学院就将 ERP 企业经营管理沙盘模拟运用于管理课程的教学。20 世纪末,我国的多家知名软件公司引入企业经营管理沙盘,如金蝶、用友、中教畅享等。但当时在院校方面仍然处于"桌面沙盘系统"阶段。进入 21 世纪,我国的北大、清华等大学纷纷引进电子沙盘教学模式,沙盘教学进入了"网络沙盘教学系统"阶段。沙盘教学使学生在模拟实战中体验企业经营管理的整个过程,激发学生的学习兴趣,使学生通过互动式的教学方式更好地综合运用所学知识,成了 21 世纪广受欢迎的教学模式。

目前,沙盘培训已成为大多数世界 500 强企业中高层管理人员经营管理培训的主选课程,国内接受过沙盘训练的优秀企业也已超过 8 000 余家。

📁 **案例分享**

中国古代的伟大发明——立体军事沙盘

建武八年(34年)六月,来歙占领略阳,隗嚣溃败,刘秀趁势亲征,至漆县陇山之下,召开战前军事会议,诸将都认为王师亲征,事关重大,且前方情况不明,不宜深入险阻。刘秀一时犹豫未决,就想起马援这个"凉州通",赶紧召他来军中议事。马援大胆创新,在世界战争史上首次使用了立体沙盘推演作业,确切地说,是"米盘"(图1-1),即"聚米为山谷,指画形势,开示众军所从道径往来,分析曲折,昭然可晓",从而明确汉军的最佳进军路线。结果,马援这极富想象力的天才创举,让汉军轻松穿越数处关隘,在巍巍陇山之中如履平地,打得隗军优势尽丧,苦不堪言。

图 1-1　米盘

(作者根据相关网络资料整理而成。)

思考:中国古代的"米盘"与现代的沙盘有何相似之处?

二、ERP 和 ERP 沙盘模拟的含义

(一)ERP 的含义

ERP(Enterprise Resource Planning,企业资源计划)是指建立在管理系统化的先进思想基础上,运用现代信息技术实现对整个企业资源的一体化管理。ERP 是可以为企业提供跨部门、跨地区、跨公司的整合企业信息的管理信息系统。运用 ERP,企业的资源能得到最优化的配置,企业能整合企业内部主要的资源和经营活动,如财务管理、生产管理、物料管理、销售管理等主要功能模块,以达到企业利润最大化的目的。

(二)ERP 沙盘模拟的含义

ERP 沙盘模拟是将企业的日常运营过程作为 ERP 沙盘模拟的游戏规则,将企业主要的职能部门及其工作对象制作成相仿的实物模型,让参与者模拟整个企业的日常管理活动,以达到培训目标的一种沙盘游戏。

ERP 沙盘模拟一般将学生按 4～6 人分成学习小组,将每个小组假定为一家公司,然后各"公司"在指定的模拟管理情境下,演练各种管理活动。

三、ERP 沙盘模拟课程的设计与组织实施

(一)沙盘模拟课程的设计

1.准备工作

全班按学生人数分为 6～12 个小组,每组 4～6 人,分别命名为 A 组、B 组、C 组、D 组、E 组、F 组,以此类推,各组学生组成相互竞争的模拟企业。

2.角色定位

小组成员按 ERP 沙盘模拟岗位分别扮演首席执行官、财务总监、营销总监、生产总监等主要角色。在人数较多时,还可以适当增加仓库主管、财务助理、销售助理、商业间谍等辅助角色。

3.组织实施

在 6～8 次的模拟经营中,学生可以进行角色互换,从而体验不同角色所承担的责任,并且学会换位思考,做出恰当决策。

(二)沙盘模拟课程的组织实施

在沙盘模拟实训课程中,一般按照图 1-2 所示流程进行组织实施。

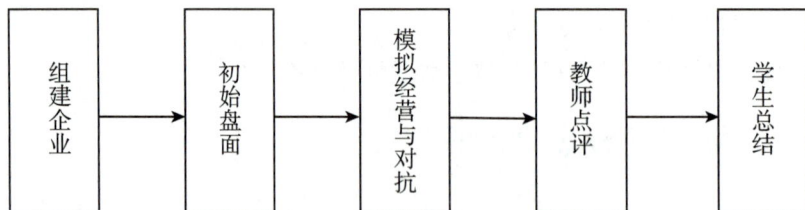

组建企业 → 初始盘面 → 模拟经营与对抗 → 教师点评 → 学生总结

图 1-2　沙盘模拟课程组织实施流程

一系列实训环节的操作,使学生在分析市场、制订战略、营销策划、组织生产、财务管理等活动中,领悟管理规律,培养团队精神,全面提升管理能力,使学生能够达到理论学习与实践操作于一体、角色扮演与岗位体验于一身的实训目标。

在实训过程中,需要注意以下几点。

1.了解企业基本情况

在 ERP 沙盘模拟实训中,学生首先要了解接手企业的基本情况。了解企业基本情

况,应包括企业目前的财务状况、市场占有率、产品、生产设施、盈利能力等。

企业基本情况的描述主要以企业起始年的两张主要财务报表(资产负债表和利润表)为索引,逐项描述企业目前的财务状况和经营成果,并对其他相关方面进行补充说明。

2.熟悉市场规则与企业运营规则

现代企业生存在一个开放的市场环境中,企业竞争都需要遵循一定的规则,这些规则在 ERP 沙盘模拟实训中也有规定。综合考虑市场竞争及企业运营中的方方面面,这些规定简化为以下 8 个方面:

(1)市场划分与市场开拓;

(2)营销活动与订单竞争;

(3)厂房购买、出售与租赁;

(4)生产线购买、转产、维修与出售;

(5)原材料采购与产品生产;

(6)产品研发与 ISO 认证;

(7)融资贷款与贴现;

(8)运营费用、设备折旧与所得税等。

3.初始状态设定

ERP 沙盘模拟实训不是从创建企业开始,而是接手一个正在运营的企业。虽然已经从基本情况描述中获得了企业运营的基本信息,但还需要把这些枯燥的数字再现到手工沙盘上,由此为下一步的企业运营做好铺垫。

通过初始状态设定,学生可以深刻地认识到企业的财务数据与企业经济业务的直接关联性。学生只有了解了财务数据与企业运营情况的紧密联系后,才能为今后"透过财务看经营"做好准备。

4.经营模拟

ERP 沙盘模拟实训按照年度开展经营活动。经营伊始,通过权威机构发布的市场预测资料,对每个市场每个产品的总体需求量、单价、发展趋势做出有效预测。每一个模拟企业在市场预测的基础上讨论及决定企业战略和业务策略,在首席执行官(CEO)的领导下开展经营,做出经营决策,决策的结果会从企业经营结果中得到直接体现。

5.现场案例分析

现场案例分析是 ERP 沙盘模拟实训课程的精华所在。每一年经营下来,企业管理者都要对企业的经营结果进行分析,深刻反思:成功在哪里? 失败在哪里? 竞争对手经营情况如何? 是否需要对企业战略进行调整? 结合整体情况,找出大家普遍困惑的问题,对现场出现的典型事件进行深层剖析,用数字说话,让学生领悟到管理理论知识与管理实践之间的差距。

四、ERP 沙盘模拟中教师角色的定位

在企业 ERP 沙盘模拟中,有些角色是无法从手工盘面以及电子盘面上直接显示的,

但是这些角色却在整个过程中起着重要作用。在模拟经营中,这些角色通常由指导教师担任。

1.银行/民间金融机构

在获得短期贷款、长期贷款以及民间融资时,教师就充当"银行/民间金融机构"。各模拟企业在获取新贷款时,就到教师处获取相应资金。偿还贷款时,就把本金及利息交还教师。

在应收款贴现时,也是找到"银行/民间金融机构",仍然是到教师处领取贴现资金。

2.原材料供应商

购买原材料时,需要有原材料供应商。在企业模拟经营中,这个角色由教师充当。各模拟企业按规则交付相应的货款后,可以从教师处获得原材料。同样,应付款到期时,也要把相应资金交给教师。

3.客户

模拟企业按销售订单要求生产出产品并进行交货时,教师就是客户。向教师交货后,获得货款,有应收账款时,应收账款也需要找教师获取。

4.设备生产厂家

模拟企业扩大经营规模,购买生产线或是购买、租赁厂房,这时教师就是设备生产厂家和资产租赁公司。

5.设备收购方

企业变卖设备时,教师就是设备收购方,各模拟企业能从教师处获得变卖后的资金。

在整个模拟过程中,这些外部角色就不用各模拟小组来担任,而是全部由教师担任,但是各小组要明白这些角色在实际经营中的存在价值。

📖 创业者经验分享

创业成功需要做好的准备工作

"创业是非常艰苦的,但也是一个成长的过程。"浙江归创医疗器械有限公司 CEO 谢阳表示,创业者首先要做好面临各种困难的思想准备。其次,选准市场角度很重要。有一些创业者在行业里打拼多年,对细分行业很熟悉,创业的时候就会选择这个行业,但实际上在这个时候进入你熟悉的行业未必是最好的时机。细分行业太热,竞争者很多;行业太冷门,初创期生存与发展会很困难。所以如果自身有资源可以去看看其他的行业。最后一定要做好顶层设计。市场前景、公司架构、人员配置、融资等方面都需要考虑,一个环节做不好都会影响到长远发展,因此要提前做好规划。"人无远虑,必有近忧。"公司的顶层设计做好了,企业的发展也就有了保障。

(《创业英雄》编委会:《创业英雄》,科学技术文献出版社 2018 年版,第 11—12 页,有改动。)

📝 课后重点知识总结

（1）ERP 沙盘模拟是将企业的日常运营过程作为游戏规则，将企业主要的职能部门及其工作对象制作成相仿的实物模型，让参与者模拟整个企业的日常经营活动，以达到培训目标的一种沙盘游戏。

（2）ERP 沙盘模拟一般将学生按 4～6 人分成几个学习小组，将每个小组假定为一家公司，然后各"公司"在指定的模拟管理情境下，演练各种管理活动。

（3）市场规则与企业运营规则主要包括市场划分与市场开拓，营销活动与订单竞争，厂房购买、出售与租赁，生产线购买、转产、维修与出售，原材料采购与产品生产，产品研发与 ISO 认证，融资贷款与贴现，运营费用、设备折旧与所得税 8 个方面。

（4）教师在沙盘模拟经营中扮演银行/民间金融机构、原材料供应商、客户、设备生产厂家、设备收购方等角色。

模块二　模拟企业经营状况概述

知识目标

1.熟悉模拟企业经营概况。

2.了解模拟企业组织结构。

3.熟悉团队内各角色的主要工作职责。

扫码看视频讲解

能力目标

1.能根据小组各成员不同的素质和能力,合理分配所扮演的角色。

2.能根据各类财务报表判断企业经营状况。

思政目标

1.增强创业中克服各种困难的毅力和决心。

2.提升对企业家情怀的认识。

知识导图

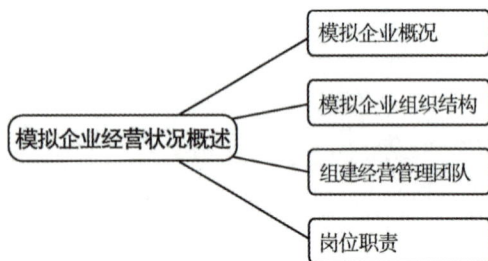

案例导入

创业"大佬"们的相似之处

史玉柱、陈天桥、马化腾、丁磊这四位IT"大佬",其创立的巨人、盛大、腾讯、网易,无疑是中国互联网的四大骄子企业。纵观他们的创业历程,我们发现虽然他们的性格迥异,企业发展方向也各自不同,但其创业成功的轨迹却有着相似之处,这说明成功创业也是有一定的规律可循的。

一、资金短缺、条件简陋

史玉柱、陈天桥、马化腾、丁磊的创业资金情况惊人的一致,都是自己出资,而且创业资金并不雄厚,大多只有几十万元。史玉柱做"脑白金"时向朋友借了50万元,丁磊、陈天桥也都只有 50 万元,只有马化腾的创业资金有 100 万。丁磊最初创业时只有 8 平方米的小办公室,马化腾也只有一个小小的赛格写字间,陈天桥是在租来的住宅楼里开始的。

二、举步维艰、遭受挫折

史玉柱在建立巨人大厦时,企业几乎破产,陈天桥的盛大、马化腾的腾讯,在创立最开始的一至两年,发展得也并不顺利,甚至都遭遇过重大的挫折。腾讯经历过 9 个月发不出工资的艰难时期;丁磊的网易经历过用股票发工资留人的艰难时期;史玉柱和陈天桥在最艰难的时期,都曾有过失败以后继续打工的打算。由此可见,市场环境的变化莫测,常常会使企业受到重创。失败不可怕,关键是经历了失败和挫折后能够痛下决心作出转变,这才是重要的。

三、业务转型、重大转折

公司发展初期举步维艰时,四位“大佬”壮士断腕、痛定思痛,使得公司发展战略发生重大转折。史玉柱转型做“脑白金”,陈天桥从动漫社区转型做网络游戏,马化腾从电子寻呼转型做 QQ,丁磊从邮箱转型做门户网站、短信业务。他们的转型,奠定了他们今天的成功!

四、创业团队、相识相知

巨人、盛大、腾讯、网易的创业团队成员构成也有相似之处,其核心成员都是这四位“大佬”的同事、同学、亲人。史玉柱的巨人团队成员大多是他的同学,马化腾的腾讯团队成员大多是他的大学同学、中学同学,陈天桥的盛大团队成员大多是他的亲人、同学、同事。这样的团队构成,成员之间相识相知,价值观、创业愿景、企业的战略决策能保持高度一致,在企业遭遇困难之时,凝聚力更强,而默契度也更高。

五、强人性格、创业特质

史玉柱、陈天桥、马化腾这三位“大佬”性格特点的最大相同之处,就是都具有强烈的不服输的强人性格,天不怕地不怕,言语犀利,行事张扬,说话直言快语,制定企业策略都非常有魄力,在企业管理上也比较强势。丁磊的性格相对稳健一些,但在内部的管理和决策上也非常强势,隐藏着那种不甘人后、不服输的强人性格。

(雷重熹、池云霞、靳润奇、刘雅丽:《创新创业案例与分析》,高等教育出版社 2019 年版,有改动。)

思考:

1. 本案例中,史玉柱等人是从哪些人员中选择创业团队核心成员的? 这样的选择有何好处?

2. 结合本案例,请说明要想创业成功,创业者应该具备哪些素质?

一、模拟企业概况

(一)模拟企业简介

该企业长期以来一直专注于 P 产品的生产与经营。市场上 P 产品主要要 P1、P2、P3 和 P4 四种。P 产品的市场知名度很高,客户也很满意。同时企业拥有自己的厂房,并安装了三条手工生产线和一条半自动生产线,运行状况良好。但从历年盈利情况来看,增长已经放缓,上年度盈利仅为 300 万元。生产设备陈旧,产品、市场单一,管理层长期墨守成规,导致企业缺乏活力。

不仅如此,最近一家权威机构对该行业的发展前景进行了预测,认为 P 产品将会从目前的相对低水平发展为一个高技术产品。为此,公司董事会及全体股东决定将企业交给一批优秀的新人去发展,他们希望新的管理层能做到以下几点:

(1)开发新产品,使公司的市场地位得到进一步提升;

(2)开发本地市场以外的其他新市场,进一步拓展市场领域;

(3)扩大生产规模,采用现代化生产手段,获取更多的利润。

(二)模拟企业财务及经营状况

企业目前的经营状况可以通过企业目前的财务状况和经营成果进行反映,分别用资产负债表和利润表来表示。

资产负债表是反映企业在某一特定期财务状况的会计报表,它表明企业在某一特定期所拥有或控制的经济资源,以及所承担的义务。通过资产负债表,可以了解企业拥有或控制的经济资源及其分布情况。

利润表是反映企业在一定期间的经营成果及其分配情况的报表。通过利润表,可以了解企业的经济效益、盈利能力。

模拟企业的资产负债表和利润表分别见表 2-1 和表 2-2。

表 2-1 模拟企业资产负债表

单位:百万元(M)

资产	期末数	负债和所有者权益	期末数
流动资产:		负债:	
现金	20	长期负债	40
应收账款	15	短期负债	0
在制品	8	应付账款	0
产成品	6	应交税金	1
原料	3	一年到期的长贷	0
固定资产合计	52	负债合计	41
非流动资产:		所有者权益:	
土地和建筑	40	股东资本	50
机器与设备	13	利润留存	11
在建工程	0	年度净利	3
固定资产合计	53	所有者权益合计	64
总资产总计	105	负债和所有者权益总计	105

表 2-2　模拟企业利润表

单位:百万元(M)

项目		本期数	对应利润表项目
(1)销售收入	＋	35	主营业务收入
(2)直接成本	－	12	主营业务成本
(3)毛利	＝	23	主营业务利润
(4)综合费用	－	11	营业费用、管理费用
(5)折旧前利润	＝	12	营业利润
(6)折旧	－	4	
(7)支付利息前利润	＝	8	财务费用
(8)财务收入/支出	＋/－	4	
(9)额外收入/支出	＋/－		营业外收入/支出
(10)税前利润	＝	4	利润总额
(11)所得税	－	1	所得税
(12)净利润	＝	3	净利润

通过模拟企业的资产负债表,对目前该企业的财务现状进行如下说明。

1.流动资产 52M(模拟货币单位 52M,M 表示百万元,下同)

流动资产包括现金、应收账款、存货等,其中存货又分为原料、在制品和产成品。

(1)现金 20M。

(2)应收账款 15M。应收账款是企业因销售产品、商品、提供劳务等业务,应该向购货单位收取的款项,是企业因销售产品、商品、提供劳务等经营活动形成的债权。应收账款主要是赊销业务导致的,是一种典型的商业信用,通过先发货后收款达到刺激购买力、稳定客户、减少库存、扩大销售等目的,是商品交易的常见形式。

(3)在制品 8M。在制品是生产线上尚未完工的产品。目前企业有 3 条手工生产线和 1 条半自动生产线,4 条生产线均有 P1 在制品,由于每个 P1 在制品的成本为 2M,4 个在制品成本为 8M。这 4 个分别处于手工生产线的 1、2、3 期和半自动生产线的 1 期。

(4)产成品 6M。产成品是已经完工到达可销售状况的存货。企业目前有 3 个产成品 P1,其成本为 6M。

(5)原料 3M。原料是为了生产产品以备耗用的存货,原料主要有 R1、R2、R3 和 R4 四种。企业目前的原料情况为库存 3 个 R1,其成本为 3M。另外,根据经营规则材料采购要提前预订,企业下了 2 个 R1 的材料订单,由于采购业务没有完成,因此 2 个 R1 的材料订单没有在资产负债表的原料项目上反映。

2.固定资产 53M

固定资产包括土地和建筑、机器与设备及在建工程。

(1)土地和建筑 40M。企业目前拥有厂房一间,价值 40M。

(2)机器与设备 13M。企业在 A 厂房内购置了 3 条手工生产线和 1 条半自动生产线,上年折旧已提,价值为 13M。

3.负债 41M

负债包括短期负债、长期负债、应付账款及应交税金。

(1)长期负债 40M。企业的长期负债主要是长期借款,一共 40M,一部分于第四年到期,一部分于第五年到期。

(2)应交税金 1M。企业上年利润为 4M,按经营规则需缴纳 1M 的企业所得税,由于上一年的税金是下一年第一季度缴纳,因此产生应交税金 1M。

4.所有者权益 64M

所有者权益包括股东资本、利润留存和年度净利。

(1)股东资本 50M,即企业的注册资本。

(2)利润留存 11M,即企业根据股利分配政策分配股利后剩余的未分配利润。

(3)本年净利润 3M,即年利润表显示的净利润。

📖 案例分享

资金链充沛对企业发展很重要

深圳市依思普林科技有限公司是专业从事新能源汽车用电机控制器及其核心 IGBT 模块和 MOSFET 模块,以及工业级电力电子产品的研发和生产的高新技术企业。该公司实现了电动汽车电机控制器生产的自动化及产业化,成为国内唯一一家掌握 IGBT 模块设计及生产技术的电机控制器厂家。在公司创立初期,由于资金链不充沛、规模较小,公司发展一度陷入困境。创始人张杰夫说:"作为创业公司,遇到的最大困难是资本缺乏,2011—2014 年我花完全部积蓄,抵押了房产。没了资金,意味着没有团队、设备,什么事都办不成。"

所幸的是,2014 年张杰夫有机会参加了第三届全国创新创业大赛,获得了投资方的关注,在关键时刻引进了资金。他说:"通过参加第三届全国创新创业大赛,我成功拿到 A 轮融资 975 万元,可以说,这些资金的注入帮助公司起死回生。要不然,公司的发展就不会这么快,或许会发展得磕磕碰碰,甚至走向死亡。"

(《创业英雄》编委会:《创业英雄》,科学技术文献出版社 2018 年版,第 51 页,有改动。)

(三)模拟企业产品需求预测

在模拟经营中,公司董事会聘请一家权威调研机构对该行业的发展前景进行了预测,认为目前宏观经济状况良好,消费水平稳步提高,P 系列产品发展迅速。该权威调研机构对 P 系列产品未来 8 年各个市场的需求进行了预测,如图 2-1 所示。

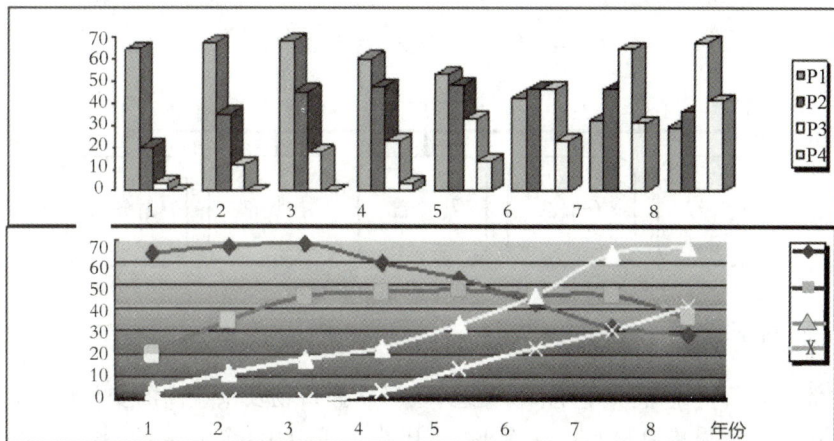

图 2-1　P 系列产品发展趋势

从图 2-1 中可以看出：

(1)P1 产品由于技术水平低,虽然近几年需求较旺,但未来需求将会逐渐下降;

(2)P2 产品是 P1 产品的技术改进版,虽然技术优势会带来一定增长,但随着新技术出现,需求最终还是会下降;

(3)P3 产品和 P4 产品为全新技术产品,发展潜力很大。

所以,P1 产品代表了目前市场上的主流技术;P2 作为对 P1 的技术改良产品,也比较容易获得大众的认同;P3 产品和 P4 产品作为 P 系列产品里的高端技术产品,各个市场对它们的认同度不尽相同,需求量与价格也有较大的差异。

从企业的现状可以看出,无论从品种还是市场来看都非常单一,生产设备陈旧,无法适应新的生产环境,导致企业已缺乏活力,目前虽然还在盈利,但利润偏低。鉴于此,建议新的管理层根据市场预测,从事相关新产品的研发,使公司的市场地位得到进一步提升;进行市场开拓,开发本地市场以外的其他新市场,进一步拓展市场领域;更新生产线,扩大生产规模,采用现代化生产手段,引导企业加强团队建设,提高组织效率,以获取更多的利润。

二、模拟企业组织结构

任何企业创建之初,都要有与其企业类型相适应的组织结构。企业组织结构主要有直线制、直线职能制、事业部制、矩阵组织形式、企业集团组织形式等。这些组织形式没有绝对的优劣之分。管理者可根据实际情况选用其中某种最合适的组织形式。组织结构是保证企业正常运转的基本条件。

在企业 ERP 沙盘模拟经营实训课程中,我们采用了简化的企业组织结构形式,模拟企业相应设置了采购部、仓储部、生产部、市场部、财务部等职能部门和业务部门,体现企业整个运营活动的各个环节,包括战略制订、市场营销、生产组织、采购管理、库存管理、财务管理等,是一个生产企业的缩影。模拟企业的组织结构如图 2-2 所示。

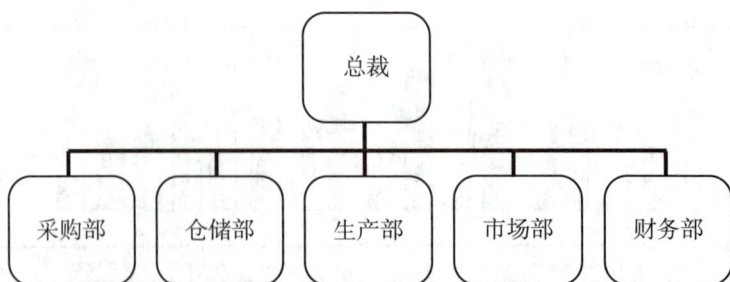

图 2-2　模拟企业组织结构

（一）采购部

采购部主要负责了解原材料市场信息，及时掌握市场及供应商的变化情况；对信息资料进行收集、整理；采购原材料。在企业 ERP 沙盘模拟中，企业生产所需的原材料包括 R1、R2、R3、R4，其中 R1、R2 的采购要提前一个季度预订，R3、R4 的采购要提前两个季度预订。采购部应该与生产部门沟通，根据生产情况测算各期原材料的需求量，及时进行预订与采购，尽量做到既不积压，也不因停工待料而影响生产。

（二）仓储部

仓储部主要负责库存管理，主要负责库存物资的收、发、存、盘点等具体工作。采购的原材料到货后，必须办理验收入库手续，货物验收时应注意核对规格、型号、生产单位是否与订单一致。材料出库时，必须办理领用手续，按领料单发料。在企业 ERP 沙盘模拟中，企业拥有四个原料库，分别用来存放 R1、R2、R3、R4 原料；四个成品库，分别用来存放 P1、P2、P3、P4 产品。

（三）生产部

生产部是组织生产与管理生产的职能部门，是生产的计划与组织中心、管理与控制中心、监督与协调中心，是生产型企业的源头，所有产品都在这里生产。生产部的任务是将人力、物料、设备、技术、信息、能源等生产要素有效地转化为有形产品或服务，是由投入、转换到产出的过程。在企业 ERP 沙盘模拟中，企业生产部主要做好新产品研发，厂房购买、租赁、出售，生产线更新、购置，产品生产加工等具体工作。

（四）市场部

市场部主要研究产品、渠道、政策、促销、广告等问题，侧重于市场分析与开拓、广告支持等市场开发活动，负责搭建公司市场系统，并使之完善强化；肩负公司的品牌推广和产品推广使命，力争完成销售目标。在企业 ERP 沙盘模拟中，可供企业开拓的市场，除了其已进入的本地市场外，还包括区域市场、国内市场、亚洲市场和国际市场。从战略层面讲，市场部的目标是树立品牌，扩大品牌知名度，提升美誉度，确定产品定位和品牌推广方案，为企业赢得订单。

（五）财务部

财务部是企业核算、监督、管理财务工作的指导部门，主要负责对公司的生产经营、资金运行情况进行核算；根据企业发展规划编制和下达企业财务预算，并对预算的实施情况进行管理。在实际运作过程中，应贯彻执行《会计法》及国家有关各项法规和规章制度，严格执行国家的《企业会计准则》《会计核算办法》《投融资管理办法》。在企业 ERP 沙盘模拟中，财务部主要进行会计核算、财务管理和财务运营，管理好企业的现金、银行贷款、应收账款及应付账款，并进行各项综合费用的核算。

三、组建经营管理团队

团队是以更有效率完成某项工作为目的而组建的一个群体。团队成员应具有共同的奋斗目标、统一的策略，并且团队成员间的知识与技能要互为补充，团队成员的个人成功要依靠其他成员来实现。

（一）组建模拟企业

在企业 ERP 沙盘模拟实训之前，学生按自愿组合的原则划分小组，一般可根据学生的人数将全班划分为 6～12 个小组，每组 4～6 人，每组学生代表一个企业的经营管理团队，负责经营一个企业。每个团队在经营开始之前应确定自己企业的名称，用一句话概括自己企业的经营理念。

（二）组建模拟企业管理团队

团队是一个集体，分工明确，效率高，在处理事务时尽可能达到预期效果。在企业 ERP 沙盘模拟中，企业的经营管理团队主要成员包括首席执行官（CEO）、营销总监（CMO）、运营总监（COO）、财务总监（CFO）、采购主管、财务助理、商业间谍等。在组建经营管理团队时应该注意以下几个方面：

（1）能力互补。团队是紧密合作的关系，团队成员要信息共享，强调集体绩效。团队成员之间可以通过性别、性格、成绩和行为方式等进行互补。

（2）责任明确。强调个人责任，也强调集体责任。团队有总体目标，有明确的分工，每个团队成员并非简单地做完自己的本职工作，还需要担当集体责任。

（3）目标清晰。团队应该有清晰的目标，这个目标就是团队存在的理由。每个团队成员都需要对这一团队目标做出承诺。

（4）相互信任。每个团队成员应开诚布公地说出自己的感受，用语言和行动来支持自己的团队，经营中体现公平，既为自己也为别人的利益工作，表现出自己的才能。

团结协作精神表现为员工对企业的强烈归属感，员工把企业当成"家"，把自己的前途与企业的命运系在一起，愿意为企业的利益与目标奋斗。员工在处理个人利益与集体利益的关系时，能以集体利益为重，个人服从集体。所以，团结协作是一切事业成功的基础。在知识经济时代背景下，各种知识、技术不断推陈出新，竞争日趋激烈，社会需求越来越多样化，单靠个人能力已很难完全处理各种错综复杂的问题并采取切实有效的行动。只有依靠团队的力量，才能把个人的愿望和团队的目标结合起来，超越个体的局限，开发团队应变能力和持续的创新能力，依靠团队合作的力量创造奇迹，发挥集体的协作作用，产生 1＋1＞2 的效果。在企业 ERP 沙盘模拟实训中，我们始终强调学生要学会团结协作。团队精神的重要性，在于个人、团体力量的体现。个人与团队关系就如小溪与大海的关系，每个人都要将自己融入集体，才能充分发挥个人的作用，团队精神的核心就是协同合作。总之，团队精神对任何一个组织来讲都是不可缺少的。

四、岗位职责

(一)首席执行官

首席执行官(CEO)应对企业经营管理负责。其主要职责表现在以下三个方面:

(1)制订企业发展战略规划,带领团队共同决策,审核财务状况,听取企业盈利(亏损)状况,将组织与外界连结在一起,最终把握企业的发展方向。

(2)完善团队建设,负责雇用、解聘、领导高层管理团队,解决高层管理团队成员之间的分歧,并使他们为了一个共同的目标同心协力。

(3)构建企业文化,营造一种促使员工愿意为公司服务的企业文化,力争把公司的整体形象推销出去。

在企业 ERP 沙盘模拟实训中,该角色的扮演者主要完成以下工作:发展战略制订、竞争格局分析、经营指标确定、业务策略制订、全面预算管理、团队协同管理、企业绩效分析、业绩考评管理、管理授权与总结。在经营中,企业所有的重要决策均由 CEO 带领团队成员共同决定。如果大家意见不一致,由 CEO 拍板决定。做出有利于企业发展的战略决策是 CEO 的最大职责。同时,CEO 还要负责控制企业运行,关注每个人是否能胜任其岗位,尤其是一些重要岗位,如财务总监、营销总监、生产总监等,如不胜任要及时调整,以免影响整个企业的经营。作为企业的掌门人,担任该职务的学生可以尽显企业经营管理才能,全方位展现专业理论与实践能力。该学生应对企业的主要目标、经营方向、经营方针等做出全局谋划。

(二)营销总监

营销总监(CMO)的职责主要是市场开拓和实现销售。CMO 在日常工作中,首先,要制订合理的市场营销战略规划。一旦战略规划做好了,公司的大方向明确了,3~5 年的奋斗目标也就清晰了。其次,要做好产品生命周期管理。对产品从诞生到退市进行全程管理,力争使企业从复制、仿制逐步过渡到创新,把握市场,从简单的"制造工厂"向真正意义的制造企业转化,使企业具备定义新产品,甚至开发新产品的综合能力。最后,要规划销售渠道,提高谈判能力。从行业、地域、目标客户、产品等多个角度来划分市场,理解不同消费群体的需求。

在企业 ERP 沙盘模拟实训中,该角色的扮演者主要完成以下工作:稳定企业现有的市场;通过市场调查、分析,积极拓展新市场;制订品种发展策略;制订广告宣传策略、合理投放广告;预测市场,制订销售计划;争取订单与谈判;签订合同与过程控制;与生产部门沟通按时发货;销售绩效分析等。通过实训,学生可以学会如何分析市场、开发市场;如何进行产品及相关认证;关注竞争对手、感受企业及市场内外压力;把握消费者需求;制订营销与广告策略;制订销售计划,尽可能提高企业利润。

(三)运营总监

运营总监(COO)是企业生产部门的核心人物,代表总经理对企业的一切生产活动进行管理,负责全面生产和生产设备管理。生产总监既是计划的制订者和决策者,又是生产过程的监控者,对企业目标的实现负有重大的责任。他的工作是通过计划、组织、指挥和控制等手段实现企业资源的优化配置,创造最大经济效益。

在企业 ERP 沙盘模拟实训中,该角色的扮演者要制订生产计划,并进行生产过程的监控,全面负责企业的生产管理工作,完成生产计划,控制生产成本,落实生产计划和能源的调度,保持生产正常运行,及时交货,组织新产品研发,扩充改进生产设备,做好生产车间的现场管理工作。

(四)财务总监

财务总监(CFO)的职责是在董事会和总经理的领导下主管企业会计、财务、预算等工作,具体包括制订企业利润计划、资本投资、财务规划、销售前景、开支预算或成本标准,制订税收方案,建立健全公司内部核算管理体系,制订会计核算和财务管理的规章制度,组织企业有关部门开展经济活动分析,组织编制公司财务计划、成本计划、努力降低成本、增收节支、提高效益,监督公司遵守国家财经法规、纪律以及董事会决议。

在企业 ERP 沙盘模拟实训中,该角色的扮演者主要完成筹资管理和投资管理工作;做好现金预算,管好、用好资金;支付各项费用;成本核算;按时编制、报送财务报表;做好财务分析等工作。让学生真正明白企业的资金是有限的,企业要长期、稳定地发展必须提高资金使用效率。

(五)采购主管

采购主管的职责是主持采购部的各项工作,提出公司物资采购计划;调查研究公司各部门的物资需求及消耗情况;熟悉各种物资的供应渠道和市场变化情况;指导并监督员工开展业务;审核年度各部门的采购计划;统筹策划和确定采购内容;监督和参与产品业务洽谈;审核商品采购合同、促销协议;确保供应商费用等指标的完成;组织对供应商的评估工作;监督采购员的订货工作,确保分店和配送中心有充足的库存,同时保证较高的商品周转;按计划完成公司各类物资的采购任务,并在预算内尽可能减少开支。

在企业 ERP 沙盘模拟实训中,该角色的扮演者要配合运营总监做好编制采购计划、分析物料采购周期、库存管理等工作,为企业做好后勤保障,防止停工待料。

(六)财务助理

财务助理主要完成财务部的日常工作,包括审核财务单据,整理档案,管理发票,协助上级审核记账凭证,核对调整账目,预算分析,控制日常费用,管理固定资产,起草处理财务相关资料和文件,统计、打印、呈交、登记、保管各类报表和报告,协助上级开展与财务部内部的沟通与协调工作,保管和发放本部门的办公用品及设备,完成上级指派的其他工作。这些工作虽然琐碎,却是做好其他财务工作的前提。

在企业 ERP 沙盘模拟实训中,该角色的扮演者要配合财务总监做好日常现金收支管理,审核企业经营状况,核算企业经营成果,制订预算,对成本数据进行分类和分析等工作。

(七)商业间谍

商业间谍的主要职责是调查对手公司的商业信息,使之成为对自己企业有用的商业资料和信息。在企业 ERP 沙盘模拟实训中,每个小组要学会获得竞争对手的信息,并将信息加工整理反馈给总部,从而为企业战略、战术发展提供参考依据。

(八)其他角色

在受训者人数较多时,可适当增加 CEO 助理、营销助理、生产助理等辅助角色。为使这些辅助角色不被边缘化,应尽可能明确其所承担的职责和具体任务。

📖 创业者经验分享

做企业要有企业家情怀

深圳市依思普林科技有限公司创始人张杰夫认为,卖出产品很重要,但作为新能源汽车零部件企业,公司有义务帮助国内车商提升产品品质,提升核心竞争力,并参与国际竞争。希望通过公司的努力,让中国新能源汽车品牌像中国高铁一样"走出去",成为一张中国制造的名片。

"中国新能源汽车是超级大的市场,看不到天花板,中国新能源汽车领域的从业者要有家国情怀,有责任为这一行业的发展壮大做点事。比如以前的中国乘用车市场,专利、技术等各大领域差不多全被外企拿走了,我们只是做个盒子而已。对于刚兴起不久的新能源汽车行业,我们不能再失去机会,让国内这么大的市场白白让给外企。"张杰夫说,"我们能在新能源汽车的 IGBT 模块、动力总成等领域有所突破,一方面离不开我带领团队的不断创新,另一方面,新能源汽车市场不是一个很大的市场,所以外企在专利布局、计划研发方面还不如我们走得快,我们的产品完全可以与国外同类产品 PK。"

(《创业英雄》编委会:《创业英雄》,科学技术文献出版社 2018 年版,第 54 页,有改动。)

✏️ 课后重点知识总结

(1)本书中的 ERP 沙盘模拟课程模拟经营的是一家生产制造型企业,该企业长期以来一直专注于 P 系列产品的生产、研发与销售。

(2)企业目前的经营状况可以通过企业目前的财务状况和经营成果进行反映,分别用资产负债表和利润表来表示。

(3)模拟企业应设置采购部、仓储部、生产部、市场部、财务部等职能部门和业务部门。

(4)一般可根据学生的人数将全班划分为 6~12 个小组,每组 4~6 人,每组学生代表一个企业的经营管理团队,负责经营一个企业。

(5)企业的经营管理团队主要成员包括首席执行官(CEO)、营销总监(CMO)、运营总监(COO)、财务总监(CFO)、采购主管、财务助理、商业间谍等。在组建经营管理团队时主要注意:能力互补、责任明确、目标清晰和相互信任。

模块三　模拟企业运营规则

📖 知识目标

扫码看视频讲解

1. 掌握企业经营过程中所涉及的财务管理、市场营销和生产管理相关概念。
2. 掌握模拟企业营销管理运营规则。
3. 掌握模拟企业生产管理运营规则。
4. 掌握模拟企业财务管理运营规则。

💡 能力目标

1. 能够运用 ERP 沙盘完成开展财务管理、市场营销和生产管理等基础性工作。
2. 对 ERP 沙盘模拟课程游戏规则有更深入的了解。

💬 思政目标

1. 培养自身的规则意识。
2. 提升不断学习的意识,并树立远大的理想。

📑 知识导图

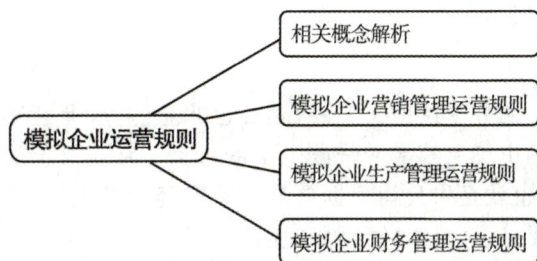

📋 案例导入

创业人必须是全才

　　盛司潼,深圳华因康基因科技有限公司创始人及首席科学家,国家标准委生物技术标准化专家咨询组专家、深圳市国家级科技领军人才,拥有 300 多项发明专利、56 项软件著作权。

　　盛司潼说:"在创业之后,思维方式和以往不一样了。我过去只是单纯地做科学研究,而创业之后除了潜心科研,还要思考怎样将公司运营得更好,做出既接地气又有技术含量的产品。"他所说的是每个技术型企业创业者必须面对的现实问题,即使不擅长销售、应酬,为了创业成功,也必须全部都会。

所以说,创业人必须是全才,选择创业就像是参加十项全能比赛,不仅要解决企业的发展战略、技术方向问题,还要解决公司管理问题、销售问题、队伍建设问题,税务、财务、工商等全部都要面对。创业人是公司最后的防线,再苦再难,创业人都要顶住。最难的决策,都是创业人来做。任何时候,不要指望别人来救你。

基于"创业者必须是全才"的法则,培养不断学习、善于学习的能力,对于创业者非常重要。就如盛司潼所说的,"对首次创业者来说,一定要保持学习的心态,做好准备,不断学习——学习每个阶段不同的东西,提高自己的综合能力,包括待人接物、商务谈判、市场推广等各方面的能力,这样才有可能避免失败。"

(樊建平、张玉利:《从高知到企业家的蝶变》,海天出版社 2018 年版,有改动。)

思考:

1. 创业者要想创业成功,需要掌握哪些方面的能力?

2. 该案例给你带来什么启发?

企业从事生产经营管理活动,必然受到法律法规、市场规律的约束。每个企业也会针对自己的经营情况,制订相应的章制度。为了让学生体验这些规范,企业 ERP 沙盘模拟实训中也为学生设计了企业间竞争需要遵循的一些规则。这些规则包括营销管理运营规则、生产管理运营规则和财务管理运营规则。

一、相关概念解析

在了解企业运营规则之前,要对企业经营过程中所涉及的财务管理、市场营销和生产管理的一些概念有所掌握,以便更好地完成物理沙盘和电子沙盘的实际操作。

(一)财务管理相关概念

1. 融资

融资有广义和狭义之分。从广义上讲,融资也叫金融,就是货币资金的融通,即当事人通过各种方式到金融市场上筹措或贷放资金的行为。从狭义上讲,融资即一个企业资金筹集的行为与过程,也就是指公司根据自身的生产经营状况、资金拥有的状况,以及公司未来经营发展的需要,通过科学的预测和决策,采用一定的方式,从一定的渠道向公司的投资者和债权人去筹集资金,组织资金的供应,以保证公司正常生产需要和经营管理活动需要的理财行为。

在企业经营模拟课程中的融资是指狭义的融资,主要渠道有短期贷款、民间融资、长期贷款和应收贴现。

(1)短期贷款是企业向银行或其他金融机构等借入的期限在一年以下(含一年)的各种借款。

(2)民间融资是指出资人与受资人之间,在国家法定金融机构之外,以取得高额利息与取得资金使用权并支付约定利息为目的而采用民间借贷、民间票据融资、民间有价证券融资和社会集资等形式暂时改变资金使用权的金融行为。

(3)长期贷款是指从银行或其他金融机构借入的偿还期在一年以上的各种款项。

(4)应收贴现是指企业以未到期应收票据向银行融通资金,银行按票据的应收金额扣除一定期间的贴现利息后,将余额付给企业的筹资行为。

2.账期

账期是指从生产商、批发商向零售商供货后,直至零售商付款的这段时间。生产商或批发商在规定时间内给予零售商一定金额的信用额度,零售商在信用额度内不用付款就可以进货,但是在规定时间内必须回款,这个规定时间内的周期就称为账期。零售商的额度和账期一般可以根据合作的情况进行调整。回款信用越好,则额度会越大。

3.应收账款

应收账款是指企业在正常经营活动中,因销售商品、产品或提供劳务等,应向购货单位或接受劳务单位收取的款项。应收账款是伴随着企业的销售行为而形成的一项债权。

4.应付账款

应付账款是指企业因购买材料、商品或接受劳务供应等而发生的债务。这是买卖双方在购销活动中由于取得物资与支付货款在时间上的不一致而产生的债务。

5.贴现

贴现主要是指票据贴现,是资金的需求者将自己手中未到期的商业汇票按票面金额扣除贴现日至到期日的利息后向银行申请变成现款,银行见票后付出现款,票据到期时再向出票人收款的行为。对持票人来说,贴现是为了资金融通的需要将未到期的票据卖给银行获得流动性的行为,这样可提前收回垫支于商业信用的资本。对银行而言,贴现是与商业信用结合的放款业务,银行可从中获得利息收入,并且资金回收快捷、安全。

在ERP沙盘模拟企业实训中,不使用商业汇票,但模拟票据贴现的行为,并制定了根据应收账款额度一定比例进行贴现的规则。

6.企业管理费用

企业管理费用是指企业行政管理部门为组织和管理生产经营活动而发生的各项费用,包括管理人员工资、办公费、差旅费、业务招待费等。管理费用属于期间费用,在发生的当期直接计入当期损益。

7.固定资产

固定资产是指企业使用期限超过一年的房屋、建筑物、机器、机械、运输工具以及其他与生产、经营有关的设备、器具、工具等。不属于生产经营主要设备的物品,单位价值在2 000元以上,并且使用年限超过两年的,也应当作为固定资产。固定资产是企业的劳动手段,也是企业赖以生产经营的主要资产。从会计的角度划分,固定资产一般被分为生产用固定资产、非生产用固定资产、租出固定资产、未使用固定资产、不需用固定资产、融资租赁固定资产、接受捐赠固定资产等。

8.固定资产折旧

固定资产折旧指一定时期内为弥补固定资产损耗按照规定的固定资产折旧率提取的固定资产折旧,或按国民经济核算统一规定的折旧率虚拟计算的固定资产折旧。它反映了固定资产在当期生产中的转移价值。

企业计提固定资产折旧的方法有多种,基本上可以分为两类,即直线法(包括年限平均法和工作量法)和加速折旧法(包括年数总和法和双倍余额递减法)。企业应当根据固定资产所含经济利益预期实现方式,合理选择固定资产的折旧方法,固定资产的折旧方法一经确定,不得随意变更,企业折旧方法不同,计提折旧额相差很大。

(1)年限平均法。年限平均法又称直线法,是指将固定资产的应计折旧额均衡地分摊到固定资产预定使用寿命内的一种方法。采用这种方法计算的每期折旧额均相等。

其计算公式如下:

年折旧率＝(1－预计净残值率)/预计使用寿命(年)×100％

年折旧额＝(固定资产原值－预计净残值)/固定资产

预计使用年限月折旧率＝年折旧率/12

月折旧额＝固定资产原价×月折旧率

(2)工作量法。工作量法是指根据实际工作量计算每期应提折旧额的一种方法。

其计算公式如下:

单位工作量折旧额＝固定资产原价×(1－预计净残值率)/预计总工作量

某项固定资产月折旧额＝该项固定资产当月工作量×单位工作量折旧额

(3)年数总和法。年数总和法又称折旧年限积数法、年数比率法、级数递减法或年限合计法,是指用固定资产的原值减去残值后的净额乘以一个逐年递减的分数计算确定固定资产折旧额的一种方法。

其计算公式如下:

年折旧率＝尚可使用年数/年数总和×100％

年折旧额＝(固定资产原值－预计净残值)×年折旧率

月折旧率＝年折旧率/12

月折旧额＝(固定资产原值－预计净残值)×月折旧率

(4)双倍余额递减法。双倍余额递减法是指在不考虑固定资产残值的情况下,用直线法折旧率的两倍作为固定的折旧率乘以逐年递减的固定资产期初净值,得出各年应提折旧额的方法。

其计算公式如下:

年折旧率＝2×(尚可使用年数/年数总和)×100％

年折旧额＝固定资产期初账面净值×年折旧率

月折旧率＝年折旧率/12

月折旧额＝固定资产账面净值×月折旧率

实行双倍余额递减法计提折旧的固定资产,应当在定折旧年限到期以前两年内,固定资产净值(净残值)平均摊销。

9.固定资产清理

固定资产清理是指固定资产的报废和出售,以及对因各种不可抗力的自然灾害而遭到损坏和损失的固定资产所进行的清理工作。

在企业会计核算中用"固定资产清理"账户来核算企业因出售、报废和毁损等原因转入清理的固定资产净值以及在清理过程中所发生的清理费用和清理收入。

10.企业所得税

企业所得税是对我国境内企业和组织的生产经营和其他所得征收的一种税。企业所得税目前分为核定征收和查账征收两种。核定征收就是按照税务局核定的税率进项缴纳企业所得税,所以无论企业亏损或盈利都将按核定的税率缴纳企业所得税。查账征收则是根据企业实际的经营情况填写报表,利润总额数按企业本年度实现会计利润减除以前年度税法确定可弥补的亏损额填写；累计亏损则不用缴纳企业所得税。

11. 资产

资产一般可以认为是企业拥有和控制的能够用货币计量，并能够给企业带来经济利益的经济资源。按照不同的标准，资产可以分为不同的类别。按耗用期限的长短，可分为流动资产和长期资产；根据具体形态，长期资产还可以做进一步的分类；按是否有实体形态，可分为有形资产和无形资产。目前，我国会计实务中，将资产分为流动资产、长期资产、固定资产、无形资产、递延资产等类别。

12. 负债

负债是指企业过去交易或事项形成的、预期会导致经济利益流出企业的现时义务。负债是企业承担的、以货币计量的在将来需要以资产或劳务偿还的债务。它代表着企业偿债责任和债权人对资产的求索权。

负债一般按其偿还速度或偿还时间划分为流动负债和长期负债两类。流动负债主要包括短期借款、应付票据、应付账款、应付利息、预收账款、应付职工薪酬、应缴税费、应付股利、其他应付款等。长期负债包括长期借款、应付债券、长期应付款等。

13. 所有者权益

所有者权益是指企业投资人对企业净资产的所有权。净资产是指企业的资产总额减去负债总额后的余额。所有者权益由实收资本、资本公积、盈余公积和未分配利润四部分构成。

（1）实收资本。企业的实收资本是指投资者按照企业章程，或合同、协议的约定，实际投入企业的资本。所有者向企业投入的资本，在一般情况下无须偿还，可以长期周转使用。

（2）资本公积。资本公积是指资本本身升值或其他原因而产生的投资者的共同的权益，包括资本（或股本）溢价、接受捐赠资产、外币资本折算差额等。

资本（或股本）溢价是指企业投资者投入的资金超过其在注册资本中所占份额的部分；接受捐赠资产是指企业因接受现金和非现金资产捐赠而增加的资本公积；外币资本折算差额是指企业接受外币投资因所采用的汇率不同而产生的资本折算差额。

（3）盈余公积。企业从实现的利润中提取或形成的留存于企业内部的积累。

（4）未分配利润。企业留于以后年度分配的利润或待分配利润。

14. 资产负债表

资产负债表是反映企业某一特定日期（如月末、季末、年末）财务状况的会计报表，它属于静态会计报表。例如，12月31日的资产负债表反映的是企业在12月31日所拥有或控制的经济来源，所承担的现时义务及所有者享有的剩余权益。

资产负债表是根据"资产＝负债＋所有者权益"这一会计等式，依照一定的分类标准和顺序，将企业一定日期的全部资产、负债和所有者权益项目进行适当分类、汇总、排列后编制而成的。

资产负债表的编制主要通过以下几种方式取得：

（1）根据总账科目余额直接填列。如"应收票据"项目，根据"应收票据"总账科目的期末余额直接填列；"短期借款"项目，根据"短期借款"总账科目的期末余额直接填列。

（2）根据总账科目余额计算填列。如"货币资金"项目，根据"库存现金""银行存款"

"其他货币资金"科目的期末余额合计数计算填列。

（3）根据明细科目余额计算填列。如"应付账款"项目，根据"应付账款""预付账款"科目所属相关明细科目的期末贷方余额计算填列。

（4）根据总账科目和明细科目余额分析计算填列。如"长期借款"项目，根据"长期借款"总账科目期末余额，扣除"长期借款"科目所属明细科目中反映的、将于一年内到期的长期借款部分，分析计算填列。

（5）根据科目余额减去其备抵项目后的净额填列。如"存货"项目，根据"存货"科目的期末余额，减去"存货跌价准备"备抵科目余额后的净额填列；又如"无形资产"项目，根据"无形资产"科目的期末余额，减去"无形资产减值准备"与"累计摊销"备抵科目余额后的净额填列。

15. 利润表

利润表又称损益表或收益表，是反映企业在一定期间生产经营成果的会计报表。通过利润表可以从总体上了解企业收入、成本、费用及净利润（或亏损）的实现及构成情况；同时，通过利润表提供的不同时期的比较数字，可以分析企业的获利能力及利润的未来发展趋势，了解投资者投入资本的保值、增值情况。由于利润表既是企业经营业绩的综合体现，又是企业进行利润分配的主要依据，因此，利润表是财务会计报告中的一种主要报表。例如，12 月 31 日编制的利润表，反映企业自 1 月 1 日至 12 月 31 日这一期间的收入、费用、投资收益、营业外收支及利润等情况。该表有助于评价企业的经营成果、获利能力等。

利润表一般有表首、正表两部分。其中表首说明报表名称编制单位、编制日期、报表编号、货币名称、计量单位等；正表是利润表的主体，反映形成经营成果的各个项目和计算过程。

16. 结账

结账是指会计期末对账簿记录进行总结，计算出各账户的本期发生额和期末余额并作相应结转的工作。通过结账工作，可以总结一定期间内的经济活动以及财务状况和经营成果，提高会计信息的清晰性，为及时编制会计报表提供有益资料。结账是会计核算工作的重要步骤，应按照规定进行。

（二）市场营销相关概念

1. 市场预测

市场预测是指运用科学的方法，对影响市场供求变化的诸因素进行调查研究，分析和预见其发展趋势，掌握市场供求变化的规律，为经营决策提供可靠的依据。预测为决策服务。为了提高管理的科学水平，减少决策的盲目性，我们需要通过预测来把握经济发展或者未来市场变化的有关动态，降低决策可能遇到的风险，使决策目标得以顺利实现。

2. 市场细分

市场细分（Market Segmentation）的概念是美国市场学家温德尔·史密斯（Wendell R. Smith）于 20 世纪 50 年代中期提出来的。它是指营销者通过市场调研，依据消费者的需要和欲望、购买行为和购买习惯等方面的差异，把某一产品的市场整体划分为若干消费者群的市场分类过程。每一个消费者群就是一个细分市场，每一个细分市场都是具有类似需求倾向的消费者构成的群体。细分市场不是根据产品品种、产品系列来进行的，而是从消费者(指最终消费者和工业生产者)的角度,即消费者的需求、动机、购买行为的多元性和差异性来划分的。通过市场细分,企业可以对每一个细分市场的购买潜力、满足程度、竞争情况等进行分析对比,探索出有利于本企业的市场机会,使企业及时作出投产、销售决策或根据本企业的生产技术条件编制新产品开拓计划,进行必要的产品技术储备,掌握产品更新换代的主动权,开拓新市场,以更好适应市场的需要。

在企业 ERP 沙盘模拟实训中,要求学生对 P1、P2、P3、P4 四种产品按照市场细分的原理,确定出自己的产品名称。例如,同样是自行车,针对城市环境路途远、道路宽,电动自行车会是居民的首选;小城镇居民可能更喜欢样式新颖的轻便车;而农村的居民注重坚固耐用的加重车;儿童则首选能拆卸两轮的四轮自行车等。实训中设计了本地市场、区域市场、国内市场、亚洲市场和国际市场,只要企业进行产品研发,四种产品都能够顺利进入各种类型的市场。目前企业只有 P1 产品在本地市场销售,可以开发的市场空间还非常广阔。

3. 广告

广告是通过一定形式的媒体,公开而广泛地向公众传递信息的宣传手段。广告有广义和狭义之分。广义广告包括非经济广告和经济广告。非经济广告指不以营利为目的的广告,又称效应广告,如政府行政部门、社会事业单位乃至个人的各种公告、启事、声明等,主要目的是推广。狭义广告仅指经济广告,又称商业广告,是指以营利为目的的广告,通常是商品生产者、经营者和消费者之间沟通信息的重要手段,或企业占领市场、推销产品、提供劳务的重要形式,主要目的是扩大经济效益。

4. 新产品开发

新产品开发是指从研究选择、适应市场需要的产品开始到产品设计、工艺制造设计,到投入正常生产的一系列决策过程。从广义而言,新产品开发既包括新产品的研制也包括原有的老产品改进与换代。新产品开发是企业研究与开发的重点内容,也是企业生存和发展的战略核心之一。

5. 市场开拓

在微观市场营销学中,市场开拓策略是指商品生产者以什么样的手段和方法打开市场,提高本企业产品的市场占有率。

广义上看,它包括以下内容:

(1)企业如何选定目标市场;

(2)企业如何选定为目标市场服务的方向;

(3)企业产品何时、何地、采取何种方式投放市场;

(4)企业产品在市场上保持何种优势;

(5)企业采取何种促销手段;

(6)企业产品的质量控制在什么程度;

(7)企业开展多少售后服务等。

也就是说,在市场营销工作中,除了市场调查、预测,以及企业内部生产管理活动外,都可看作市场开拓的内容。

(三)生产管理相关概念

1.原材料

原材料是指企业在生产过程中经过加工,改变其形态或性质并构成产品主要实体的各种原料及主要材料、辅助材料、外购半成品等。原材料是企业存货的重要组成部分,其品种、规格较多,为加强对原材料的管理和核算,需要对其进行科学的分类。

2.生产线

生产线也就是指产品生产过程所经过的路线,即从原料进入生产现场开始,经过加工、运送、装配、检验等一系列生产线活动所构成的路线。狭义的生产线是按对象原则组织起来的,完成产品工艺过程的一种生产组织形式,即按产品专业化原则,配备生产某种产品(零、部件)所需要的各种设备和各工种的工人,负责完成某种产品(零、部件)的全部制造工作,对相同的劳动对象进行不同工艺的加工。

3.ISO认证

ISO是国际标准化组织(International Organization for Standardization)的英文缩写,ISO是由各国标准化团体(ISO成员团体)组成的世界性的联合会。ISO是世界上最大的国际标准化组织之一,它成立于1947年2月23日,它的前身是1926年成立的"国际标准化协会国际联合会"(ISA)。第二次世界大战爆发后,ISA停止了工作。战争结束后,大环境为工业的恢复提供了条件,于是在1946年10月14至26日,来自中国、英国、法国、美国等25个国家的64名代表聚会伦敦,决定成立一个新的国际标准化机构——国际标准化组织(ISO)。参加此次会议的25个国家为创始成员国。总部设在日内瓦。ISO的宗旨是:在全世界促进标准化及有关活动的发展,以便于国际物资交流和服务,并扩大知识、科学技术和经济领域中的合作。ISO的主要任务是制定国际标准,协调世界范围内的标准化工作,组织成员国和技术委员会之间的信息交流,与其他国际组织合作,共同研究标准化问题。

(1)ISO9000质量体系认证。ISO9000标准是ISO在1994年提出的概念,是指由ISO/TC176(国际标准化组织质量管理和质量保证技术委员会)制定的国际标准。ISO9001用于证实组织具有提供满足顾客要求和适用法规要求的产品的能力,目的在于增进顾客满意。随着商品经济的不断扩大和日益国际化,为提高产品的信誉,减少重复检验,削弱和消除贸易技术壁垒,维护生产者、经销者、用户和消费者各方权益,这个第三认证方不受产销双方经济利益支配。公证、科学是各国对产品和企业进行质量评价和监督的通行证;作为顾客对供方质量体系审核的依据;企业有满足其订购产品技术要求的能力。

凡是通过认证的企业,在各项管理系统整合上已达到了国际标准,表明企业能持续稳定地向顾客提供预期和满意的合格产品。

(2)ISO14000环境体系认证。ISO14000系列国际标准是ISO于1996年继ISO9000标准之后,在管理标准领域的又一崭新尝试。该标准已经在全球获得了普遍的认同。ISO14000系列标准突出了"全面管理、预防污染、持续改进"的思想,其中的核心标准ISO14001环境管理体系标准,更是在世界各国开始了如火如荼的认证推广过程。目前,全世界已经有11000余家公司或企业获得了ISO14001标准认证证书,我国也有200余家企业获得了证书。随着环境保护法的日益完善以及消费者环境意识的逐渐兴起,为了获得更好的经营环境,任何企业的管理者都会试图避免企业发生由于违反了环境保护法律法规和有关标准,而支付罚款和更多排污费的情况,企业也必须去适应市场的"绿色潮流"。在这种情况下,优秀的企业管理者不会仅仅满足于"事后管理"的旧有模式,而会选择积极主动的措施来改进企业的经营管理。

ISO14000 环境管理认证被称为国际市场认可的"绿色护照",只要通过认证,无疑就获得了"国际通行证"。许多国家,尤其是发达国家纷纷宣布,没有环境管理认证的商品,将在进口时受到数量和价格上的限制。例如,欧洲国家宣布,电脑产品必须具有"绿色护照"方可入境;美国能源部规定,政府采购的投标项目,只有取得认证的厂家才有资格投标。

二、模拟企业营销管理运营规则

(一)制订广告方案

每年年初,各企业的销售经理都要与客户见面并召开销售会议,了解市场需求及竞争态势,通过市场预测并结合企业实际情况,制订广告投放方案。每个市场的订单是有限的,并不一定投放广告就能得到订单,但至少投入才有机会被选中。广告投放要在做好决策的第一时间实施,不然会影响订单竞争。

(二)参加订单竞争

当所有参与竞争的企业在规定时间内投放广告完毕后,就开始按每个市场单一产品广告投入量的多少,从大到小由各企业依次选择订单。如果各企业在该市场该产品广告投入金额相同,则比较该产品所有市场广告投入之和;如果单一产品所有市场广告投放相同,则比较所有产品,所有市场的广告总投入;如果所有产品,所有市场的广告总投入也相同,则根据谁优先提交广告方案,谁优先选单。

市场订单受随机事件影响。社会经济、政府、自然灾害等意外事件,会影响产品的供求关系,从而增加订单的偶然性。随机事件是否发生及其概率由教师指导平台的参数设定决定。

无论投入多少广告费,每次只能选择 1 张订单,然后等待下一次选单机会。订单的内容由市场、产品名称、产品数量、单价、订单价值总额、账期、特殊要求等要素构成。如图3-1所示,该订单表示企业在第一年争取到了本地市场生产 2 个 P1 产品的市场机会。订单上的账期代表客户收货时货款的交付方式。若为 0 账期,则现金付款;若为 2 账期,则表示客户付给企业的是 2 个季度到期的应收账款。如果订单上标注了"ISO9000"或"ISO14000",则要求生产单位必须取得相应的认证才能接此订单。

第①年	本地市场 ISO9000				
	产品	数量	单价	总额	账期
	P1	2	5.3	11	4

图 3-1 企业获取的订单

(三)交货给客户

企业选择订单,应结合自身情况考虑,订单下端的条件必须满足后方可接单,标注有"加急"字样的订单要求在每年的第一季度交交,延期交货将扣除该张订单总额的 25%(取整)作为违约金;普通订单可以在当年内任一季度交货,如果由于产能不够或其他原因,导致本年不能交货,交货时扣除该张订单总额的 25%(取整)作为违约金。

(四)市场开拓

企业目前在本地市场经营,为进一步发展,需要开拓新市场。新市场包括区域市场、国内市场、亚洲市场和国际市场。进入某个市场之前,都需要投入资金和时间完成基础开发,如市场调研、渠道建设等活动。不同市场由于所处环境、消费者消费理念及消费水平不同,对投入的要求也就不一样。在市场没有按照规则开拓完成前,企业是不能在这个市场从事销售活动的。表 3-1 列出了市场开拓需要的资金及时间。

表 3-1　市场开拓规则(资金及时间投入)

市场	本地市场	区域市场	国内市场	亚洲市场	国际市场
开拓时间	开放	1 年	2 年	3 年	4 年
投资额	无	1M	2M	3M	4M

企业可以根据需要随时停止对市场的开拓,但已经发生的投资不可收回;如果停止开拓一段时间后,又想再继续开拓该市场,可以在以前投入的基础上继续投入。市场不能加速开拓,只能按规定每年投入 1M 费用。多类市场,可选择同时开拓,也可以只开拓某一市场。某一市场只有在完全开拓完成后,才能在下一年度参与该市场的竞单。

(五)ISO 资格认证

在企业日常经营活动中,参与各类标准认证,有利于提高企业管理水平、提高供方的质量信誉,并指导需方选择供方单位,增强企业市场竞争能力。ISO 资格认证规则见表 3-2。在 ERP 沙盘实训中,提供了 ISO9000 质量管理体系和 ISO14000 环境管理体系两种标准供企业争取。企业要获得这些认证需要时间投入宣传费用,每年每项费用 1M。具体来说,ISO9000 体系需要两年完成认证,总投入 2M;ISO14000 体系需要三年完成认证,总投入 3M。企业可以决定是否选择资格认证,可以决定认证一个或两个认证。在认证过程中,可以随时停止投入资金,但已经付出的不能收回。一项认证,只有全部投资完成才代表实际拥有这项资格,也才能到市场争取需要资格认证的订单。

表 3-2　ISO 资格认证规则

	ISO9000 质量管理体系认证	ISO14000 环境管理体系认证
时间	2 年	3 年
投资额	2M	3M

三、模拟企业生产管理运营规则

(一)原料采购

原料采购指企业利用货币资金购买材料的活动,是生产准备业务的主要内容之一。在 ERP 沙盘实训中,企业生产所需原料包括 R1、R2、R3、R4 四种,其中 R1 为红色币、R2 为橙色币、R3 为蓝色币、R4 为绿色币,每个价值均为 1M。原材料采购过程中必须兼顾两个环节,即签订采购合同和按合同收料并付款。签订采购合同时,应明确规则,各种不同的原材料规定了不同的采购提前期,R1、R2 订购必须提前一个季度,R3、R4 订购需提前两个季度,到期方可取料。下单前要仔细测算,不然订单下早了会造成原材料积压,占用资金;订单下晚了会造成停工待料,影响生产效率。最终,根据上季度所下采购订单接收相应原料入库,并按规定付款或计入应付账款。付款规则是订货时不付款。货物到达时,必须照单接收,即按合同规定支付原料费或计入应付账款。

(二)产品加工

产品在研发完成后,就可以接单生产。生产不同的产品需要不同的原料。各种产品的物料清单如图 3-2 所示。

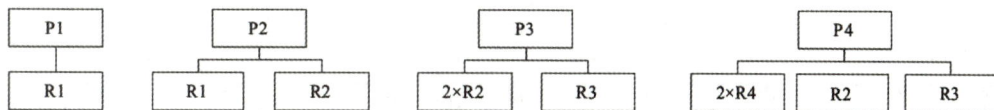

图 3-2 各种产品所用到的物料清单(BOM)

生产上述产品所需支付的加工费相同,每个产品均为 1M,用灰币代表。每条生产线同时只能有一个产品在线生产,开始生产时按产品结构要求将原料放在生产线上,并支付 1M 加工费开始生产。产品构成与成本见表 3-3。

表 3-3 产品构成与成本

产品	产品成本构成				直接成本
P1	1M 加工费	1R1			2M
P2	1M 加工费	1R1	1R2		3M
P3	1M 加工费	2R2	1R3		4M
P4	1M 加工费	1R2	1R3	2R4	5M

(三)产品研发

产品研发时间与投资见表 3-4。新产品的研发、投资可以同时进行,按研发周期平均支付研发投资。在出现现金短缺时,企业也可以选择随时中断或终止投资,但已经付出的投资不得收回。停止研发的产品一段时间后又想继续研发,可以在原有投资的基础上继续计算研发时间及费用,实现原有研发的延期支付。在研发过程中,可以选择一种或多种产品进行研发。研发费用全部投资完成后，下一周期才可接单生产。当年的研发投资计入当年综合费用。

表 3-4　产品研发时间与投资

产品	研发时间	研发投资
P2	4Q	4M
P3	6Q	6M
P4	6Q	12M

(四)生产线运营规则

企业 ERP 沙盘实训设计了四种设备（生产线）用于生产。每条生产线都能生产 P1、P2、P3、P4 四种产品，各种生产线的投资成本、安装时间、生产周期见表 3-5。

表 3-5　生产线运营规则

生产线	购买价格/M	安装周期/Q	生产周期/Q	变更周期/Q	变更费用/M	维护费用/(M/年)	出售残值/M
手工线	5	无	3	无	无	1	1
半自动	10	2	2	1	1	1	2
全自动	15	3	1	1	2	1	3
柔性线	20	4	1	无	无	1	4

在投资购买生产线时，所需资金不是一次投入，而是按照安装周期分期付款。在生产线安装完成后，将购买生产线的所有资金全部转入设备价值，作为企业的固定资产。

投资购买安装生产线不要求连续投入，在资金短缺的情况下可以停止对该生产线的投资，但已付出的投入不能收回；如果在停止开拓一段时间后想继续投资，可以在以前投入的基础上继续投入。

生产线只有在全部安装完成后的第二个季度才能开始加工产品。生产线处于闲置状态时可以进行变卖，不论使用多长时间，一律以残值回收。每条生产线在每年年末都需要支付 1M 的设备维护费。但生产线建成的当年不需要支付设备维护费。

(五)厂房购买、出售与租赁

在 ERP 沙盘实训中设置了 2 个厂房，大厂房可容纳 6 条生产线，小厂房可容纳 4 条生产线。

目前企业拥有 1 个大厂房为自主厂房，可以直接使用。购买生产线，可以直接选择厂房进行安装，在每年年末决定是否购买或者租赁，厂房一旦使用，年底必须决定购买或租赁。厂房不提折旧。厂房可以随时出售，但出售时必须是空厂房才可以。出售厂房的收入按 4 个账期的应收账款进行核算。厂房交易和租赁的价格及规模说明见表 3-6。

表 3-6　厂房交易和租赁的价格及规模说明

厂房	大厂房	小厂房
买价	40M	30M
租金/年	5M	3M
售价	40M	30M
生产线	6 条	4 条

四、模拟企业财务管理运营规则

(一)支付企业所得税

所得税率为 33%,税金取整计算(舍尾取整)。

如果企业经营盈利(即税前利润为正),每年所得税计入资产负债表应交税金,并在下一年初缴纳。所得税按照弥补以前年度亏损后的余额为基数计算,税金向上取整。今年利润如果为零或负数,则不需要缴纳所得税。

(1)当上年的所有者权益小于 66M(初始状态,第 0 年年末所有者权益)时,税金的计算公式为

税金=[(上年所有者权益+本年税前利润)-第 0 年年末所有者权益]×33%(取整)

(2)当上年的所有者权益大于 66M(初始状态,第 0 年年末所有者权益)时,税金的计算公式为

税金=本年税前利润×33%(取整)

要点提示:

66M 为第 0 年年末所有者权益。

案例分享

财政部 税务总局关于进一步实施小微企业"六税两费"减免政策的公告
(财政部 税务总局公告 2022 年第 10 号)

为进一步支持小微企业发展,现将有关税费政策公告如下:

各地政府根据本地区实际情况,以及宏观调控需要确定,对增值税小规模纳税人、小型微利企业和个体工商户可以在 50%的税额幅度内减征资源税、城市维护建设税、房产税、城镇土地使用税、印花税(不含证券交易印花税)、耕地占用税和教育费附加、地方教育附加。

已依法享受资源税、城市维护建设税、房产税、城镇土地使用税、印花税、耕地占用税、教育费附加、地方教育附加其他优惠政策的,可叠加享受本公告第一条规定的优惠政策。

小型微利企业,是指从事国家非限制和禁止行业,且同时符合如下条件:年度应纳税所得额不超过 300 万元;从业人数不超过 300 人;资产总额不超过 5000 万元。

实施时间:2022 年 1 月 1 日至 2024 年 12 月 31 日。

(税纪云平台,节选。)

(二)融资贷款与资金贴现

短期贷款每年可贷 4 次,分别为每季季初。短期贷款期限为 1 年,不足 1 年的按 1 年计息,到期还本付息。

高利贷与短期贷款一样,期限也是 1 年,到期还本付息,只是贷款利率不同。

长期贷款每年只有一次,即在每年年末。长期贷款最长期限为 5 年。长期贷款每年付息,到期还本。

资金贴现在有应收账款时随时可以进行,金额是 8 的倍数,不论应收账款期限长短,从每 8M 中拿出 1M 交贴现费。

库存拍卖,原料八折,成品原价。

各种融资方式比较见表 3-7。

表 3-7   各种融资方式比较

贷款类型	办理时间	贷款额度	年息	还款方式	贷/息
长期贷款 (5 年)	年末	上年所有者权益的 2 倍 —已贷长期贷款	10%	年底付息,到期还本	20M/2M
短期贷款 (1 年)	季初	上年所有者权益的 2 倍 —已贷短期贷款	5%	到期一次还本付息	20M/1M
高利贷 (1 年)	随时	与银行协商	20%	到期一次还本付息	20M/4M
资金贴现	随时	视应收款额	1/7	变现付息	7M/1M

注:此处按 1/7 贴现相当于按 1∶6 贴现,资金贴现以 7M 及 7M 的整数倍为单位,每 7M 的应收账款交纳 1M 的贴现费用,放入综合费用区的贴息栏,其余 6M 作为现金放入现金库。

无论是哪种融资方式均以 20M 为最低基本贷款单位。每季度初如果有到期需要归还的贷款,必须首先还款后才能再贷。

(三)折旧

设备折旧按 5 年平均年限法计算。当年建成的生产线不提折旧,当生产线净值等于残值时,不再提折旧。期初生产线设备价值为 10M,其中 3 条手工线每条剩余设备价值为 3M,一条半自动线剩余设备价值为 4M。生产线折旧表见表 3-8。

表 3-8   生产线折旧表(平均年限法)   单位:百万元(M)

生产线	购置费	残值	建成第 1 年	建成第 2 年	建成第 3 年	建成第 4 年	建成第 5 年
手工线	5	1	0	1	1	1	1
半自动	10	2	0	2	2	2	2
自动线	15	3	0	3	3	3	3
柔性线	20	4	0	4	4	4	4

(四)破产规则

企业破产是指由于经营管理不善,其负债达到或超过所占有的全部资产,不能清偿到期债务,资不抵债的企业行为。在企业 ERP 沙盘实训中,企业资金链断裂者视为破产,破产后企业将退出市场。如有股东愿意投资(后台操作教师操作)仍可以继续经营,但破产企业的组队不能参加最后的成绩排名。

📖 创业者经验分享

保持积极的心态

盛司潼说,他在 35 岁那年回到国内,创办了深圳华因康基因科技有限公司。这是他人生的第一次创业,或多或少带着天真,或者说是对创业的无知。因为对创业过程的艰难还没有充分的认识,就一脚踩进这条河。但创业的艰辛不会因为你的天真而有所减少,相反,会更多。对首次创业者来说,一定做好不断学习的准备,每个阶段学习不同的东西,提升自己的综合能力。

此外,不能单纯为了钱而去创业。如果单纯为了改善个人财务状况而选择创业,那将很难长久地坚持下去。创业不一定马上就能赚钱,通常要经历很多波折,经受无数考验。这好比是一个全能赛事的漫长考验,所以需要有一个除了钱之外的初衷,比如,用科技实现服务广大民众的理想,完善更美好的人格等。在创业过程中,创业者将承受很多外人无法理解的压力,有时会陷入孤独、抑郁。这种时候,如果没有一种理想去支撑,将很难坚持到最后。

(樊建平、张玉利:《从高知到企业家的蝶变》,海天出版社 2018 年版,有改动。)

✏️ 课后重点知识总结

(1)财务管理相关概念包括融资、账期、应收账款、应付账款、贴现、企业管理费用、固定资产、固定资产折旧、固定资产清理、企业所得税、资产、负债、所有者权益、资产负债表、利润表、结账;市场营销相关概念包括市场预测、市场细分、广告、新产品开发、市场开拓;生产管理相关概念包括原材料、生产线、ISO 认证。

(2)模拟企业营销管理运营规则包括制订广告方案,参加订单竞争,交货给客户,市场开拓,ISO 资格认证。

(3)模拟企业生产管理运营规则包括原料采购,产品加工,产品研发,生产线运营规则,厂房购买、出售与租赁。

(4)模拟企业财务管理运营规则包括支付企业所得税,融资贷款与资金贴现,折旧,破产规则。

模块四　手工沙盘模拟企业经营规则

📖 知识目标

1. 熟悉手工沙盘教具及使用。
2. 熟悉手工沙盘盘面。
3. 掌握初始盘面布置与设定。
4. 掌握手工沙盘的具体操作流程。

扫码看视频讲解

💡 能力目标

1. 会正确使用手工沙盘教具。
2. 会进行盘面的正确布置。
3. 会进行手工沙盘具体的运营操作。

💬 思政目标

1. 意识到熟练掌握游戏规则有重要性。
2. 树立风险意识和全局意识。

📋 知识导图

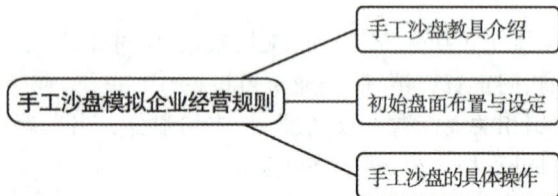

📋 案例导入

松下幸之助的水坝式经营

　　1965 年,松下电器产业创始人松下幸之助曾向日本中小企业的经营者传授一个极其重要的经营法则。他说:"经营一家企业,应该像在河边修水坝来储水一样,要做到从容不迫。"言毕,在场的约 400 位经营者中,有一位举起手来提问说:"松下先生,您讲的虽然有道理,但是这很难做到。怎样才能建起经营的水坝呢? 如果我们连水都没有怎么办呢?"

　　松下幸之助从容地答道:"最重要的,也是首要一点,是你真的想要从事水坝式经营。"他的回答引来现场一片笑声,大家纷纷议论:"这算是什么答案啊?"

　　然而,在现场却有一个人受到了极大的震撼,他就是刚刚创立京瓷不久的稻盛和夫。那时,稻盛和夫正为如何开展经营感到一筹莫展。后来,他回忆道:"当时,我真的有所感悟。如果抱着让人传授一些模棱两可的简单方法的念头,你是不可能做好经营的。重要的不是如何实现,而是自己首先要有预期,有思路,有强烈的愿望!"

所谓水坝式经营,就是像水坝那样去拦阻和储存河水,随着季节或气候的变化,经常保持必要用水量的功能。有这种调解和运用的机制,事物才能稳定发展。企业经营也必须像水坝一样具有调解机制,即使外在形势有所变化,也能做到永续经营。

经营要留有余地,是水坝式经营的核心理念,也是松下幸之助成功经营的秘诀之一。这一核心理念落实到应用层面,建立水坝可使经营具有调解机制、转换机制和缓冲机制三项核心功能。

调解机制通俗地讲,就是当市场行情好、公司经营景气的时候,企业就要适当地储存资金,更新设备,引进优秀人才,同时增加对技术的研发投入,增强企业的整体竞争力,保留一定的后备力量。

松下幸之助曾经在商界研讨会上说过,河水是老天赐予的礼物,不能让河水不创造价值白白流走。修建水坝不仅可以蓄水,还可将水力转换为电力。企业面对各种各样的外部资源,建立相应的转换机制是将资源有效利用的重要途径。

经济有涨有落,市场瞬息万变,任何一个企业,经营过程绝不可能一帆风顺。因而,水坝的建立在一定程度上缓冲了恶劣环境带来的冲击。与此契合的是,企业还可以建立"心理水坝",从企业创始人、高层管理人员到基层员工,每个人都应存有忧患意识,要对环境变化有足够的心理准备,以不变应万变,遇到困难或问题时才能迎刃而解。

(郑义林:《松下幸之助的经营哲学》,《销售与市场》2022 年 2 月,有改动。)

思考:

1.什么是水坝式经营?该经营需要构建哪三种机制?

2.你觉得水坝式经营理念该如何应用于沙盘模拟实际运营中去?

一、手工沙盘教具介绍

企业 ERP 沙盘模拟使用的手工沙盘实训教具有游戏币与空桶、订单卡片、产品标识以及生产线。同时,手工沙盘要配合电子沙盘进行操作。电子沙盘将在模块五中介绍。

(一)沙盘盘面

ERP 沙盘模拟企业经营课程使用的手工沙盘盘面如图 4-1 所示。

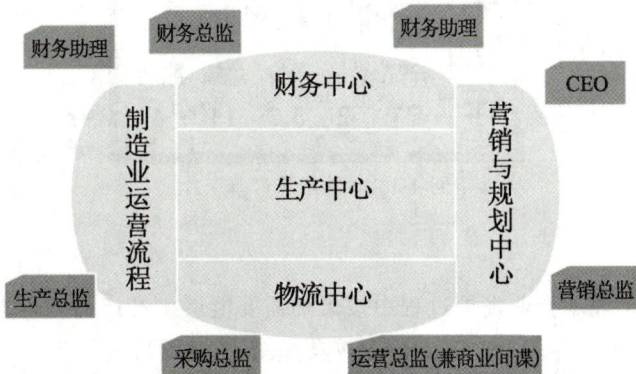

图 4-1 手工沙盘盘面

沙盘盘面将一家企业的各个主要职能部门抽象地表现在一张图上。从图4-1中可以看出沙盘盘面主要由销售区、财务区、规划区和生产区构成。盘面由上而下地反映了模拟企业的资金运营和生产运营的全过程。资金运营包括银行长期贷款、短期贷款、民间融资等行为产生的现金流变化,应收账款到期带来的现金增加,应付账款、行政管理费用、利息等导致的现金减少。生产运营包括订购原材料,材料入库,上线生产,产成品入库,进行销售,完成订单等一系列过程。

(二)手工沙盘教具

1.游戏币与空桶

沙盘使用的游戏币主要用于表现资金及各种原材料。空桶既用于摆放资金游戏币和原材料游戏币,有时还用于其他用途,如代表长期贷款、短期借款、预订原材料。如图4-2所示。

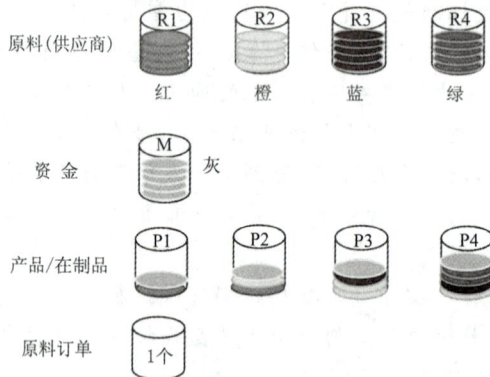

图4-2 游戏币与空桶

2.订单卡片

订单卡片用于模拟市场中对产品的需求。在沙盘活动中,这些市场包括本地市场、区域市场、国内市场、亚洲市场以及国际市场。如图4-3所示为本地市场订单卡片。

图4-3 本地市场订单卡片

3.产品标识

产品标识用于表示企业发展过程中按市场需要能够生产产品的种类。沙盘活动中设计了P1、P2、P3、P4四种产品。产品标识教具如图4-4所示。

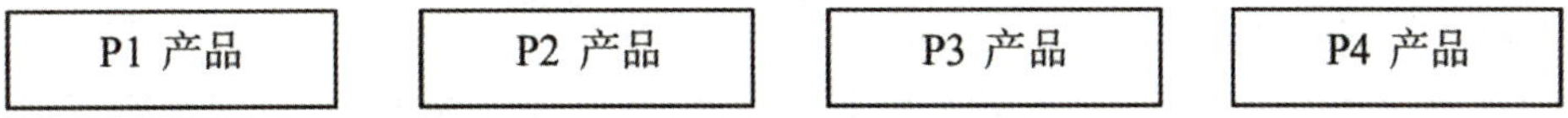

| P1 产品 | P2 产品 | P3 产品 | P4 产品 |

图 4-4 产品标识

4. 生产线

生产线表示企业的生产设备,用于表现企业生产经营的步骤。手工沙盘设计了四条不同的生产线,即手工生产线(简称为手工线)、半自动生产线(简称为半自动线)、柔性生产线(简称为柔性线)、全自动生产线(简称为全自动)。不同生产线效率和灵活性各不相同。生产线教具如图 4-5 所示,Q 代表生产周期。

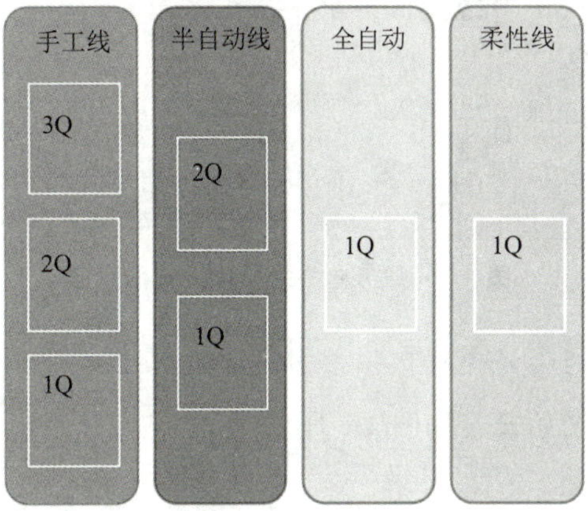

图 4-5 生产线

(三)初始状态设定

1. 生产中心的初始设定

生产中心的初始设定如图 4-6 所示。

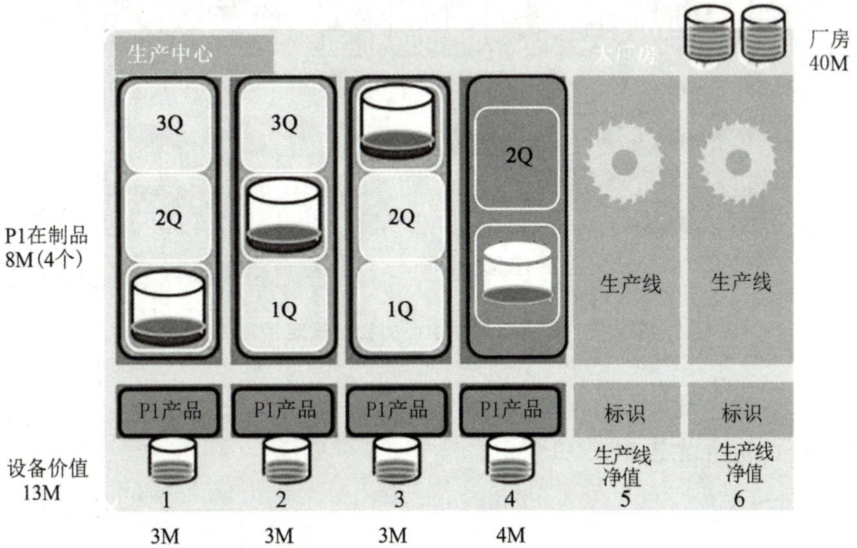

图 4-6 生产中心初始设定示意图

2.财务中心的初始设定

沙盘中的财务中心显示了企业的财务情况,包括现金、长短期贷款、民间融资、应收账款、应付账款情况。财务中心的初始设定如图 4-7 所示。

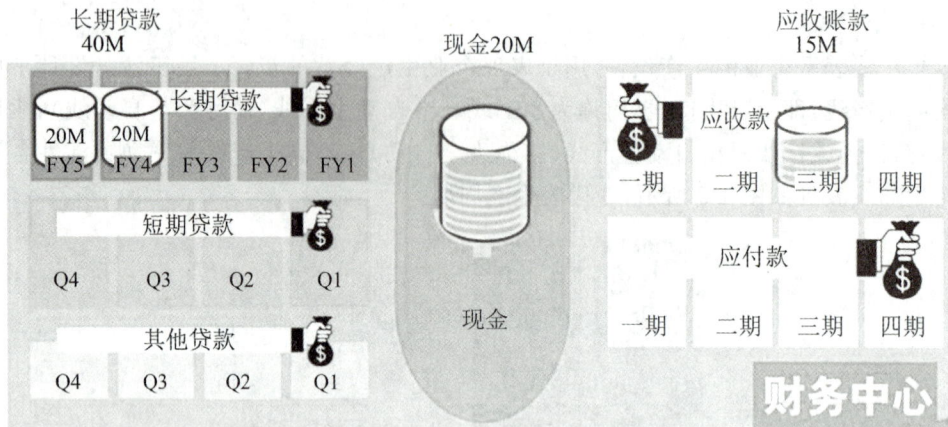

图 4-7　财务中心的初始设定示意图

3.营销与规划中心的初始设定

营销与规划中心的初始设定如图 4-8 所示。

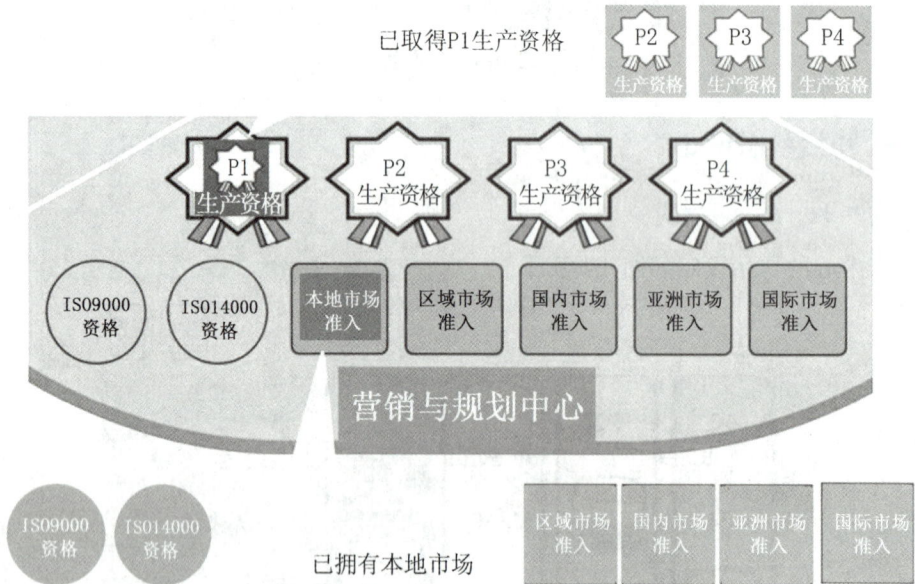

图 4-8　营销与规划中心的初始设定示意图

4.物流中心的初始设定

物流中心的初始设定如图 4-9 所示。

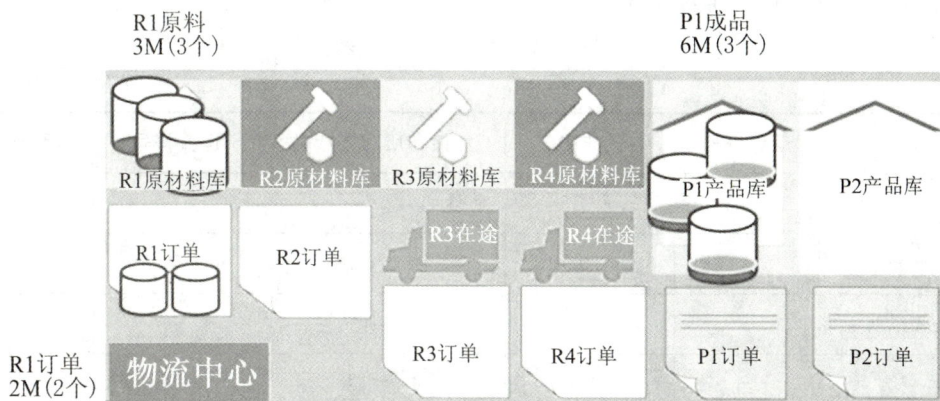

图 4-9　物流中心的初始设定示意图

📁 **案例分享**

亚马逊的决策机制：既要质量，更要速度

数字时代，决策必须既好又快，重点在"快"。关键决策一旦慢了，就容易错过市场机遇，而市场机遇一旦错过，即便处于领军地位的企业，也会错过整整一个时代。

在决策机制方面，亚马逊在重视决策质量的同时，更强调决策速度。海量的信息和多种维度，常常增加决策难度，所以亚马逊鼓励大家在信息达到 70% 的情况下，就可以进行大胆决策。基于不同的立场和思考方式，大家对于决策也常常有不同的意见，亚马逊鼓励不同观点激烈碰撞，反对人云亦云一团和气，但是决策之后就保留意见服从大局。

亚马逊员工在进行决策汇报时，不用 PPT，而采用"六页纸叙述文"的方式对前因后果、内在逻辑、轻重缓急等关键问题进行阐述，相较于只罗列要点的 PPT，这样思路更清晰、思考更深入，将材料发给每个参与人员，方便他们阅读后就不同意、不明白的地方进行讨论，也有利于参与其中的人后续复盘积累经验，方便没有参会的人学习借鉴，快速吸收了解别人的经验。

（[美]拉姆·查兰：《我们应该向亚马逊学什么》，《销售与市场》2022 年 2 月，有改动。）

二、初始盘面布置与设定

(一)企业的经营现状

企业现有的经营现状已经在模块二中进行了详细介绍。初始盘面的布置根据企业的资产负债表及利润表来设定。

1.资产负债表

通过资产负债表，可以分析模拟企业 A 目前所拥有的经济资源、所承担的负债以及所有者对净资产的要求权。

企业 ERP 沙盘模拟中的资产负债表进行了简化，见表 4-1。手工初始盘面布置与设定主要依据资产负债表进行。

表 4-1　模拟企业资产负债表

单位:百万元(M)

资产	运算符号	期末数	负债和所有者权益	运算符号	期末数
流动资产:			负债:		
现金	+	20	长期负债	+	40
应收账款	+	15	短期负债	+	0
在制品	+	8	应付账款	+	0
产成品	+	6	应交税金	+	1
原料	+	3	一年到期的长贷	+	0
流动资产合计	=	52	负债合计	=	41
固定资产:			所有者权益:		
土地和建筑	+	40	股东资本	+	50
机器与设备	+	13	利润留存	+	11
在建工程	+	0	年度净利	+	3
固定资产合计	=	53	所有者权益合计	=	64
资产总计	=	105	负债和所有者权益总计	=	105

2. 利润表

利润表反映了企业 A 经过一段时间的运营所产生的经营成果。从利润表中可以看出企业的经营收入、成本和费用情况,评价和考核 CEO 的经营能力,也为 CEO 下阶段做出经营决策提供数据。利润表见表 4-2。

表 4-2　模拟企业利润表

单位:百万元(M)

项目	运算符号	本期数	对应利润表项目
(1)销售收入	+	35	主营业务收入
(2)直接成本	−	12	主营业务成本
(3)毛利	=	23	主营业务利润
(4)综合费用	−	11	营业费用、管理费用
(5)折旧前利润	=	12	营业利润

续表

项目	运算符号	本期数	对应利润表项目
(6)折旧	－	4	
(7)支付利息前利润	＝	8	
(8)财务收入/支出	＋/－	4	财务费用
(9)额外收入/支出	＋/－		营业外收入/支出
(10)税前利润	＝	4	利润总额
(11)所得税	－	1	所得税
(12)净利润	＝	3	净利润

(二)沙盘期初余额设定与布置

要进行模拟沙盘操作,首先要进行期初余额设定与布置。下面结合表 4-1 的数据进行期初余额设定与布置。

1.总资产设定为 105M

不需摆放盘面。

2.固定资产 53M

(1)土地和建筑 40M。设定 40M 为企业拥有的大厂房(自有)。由财务总监将 40M 的资金币放入空桶,摆放于大厂房价值处。如图 4-10 所示。

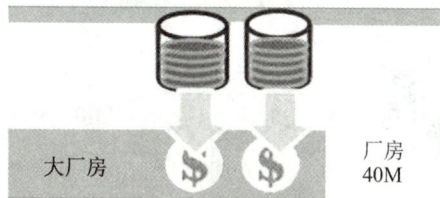

图 4-10　厂房设置

(2)机器和设备价值 13M。设定公司有三条手工生产线和一条半自动生产线。三条手工生产线的已扣折旧后的剩余设备价值,每个设定为 3M,一条半自动生产线的剩余设备价值设定为 4M。由财务总监用空桶将等值的资金装好放置到设备价值区。如图 4-11 所示。

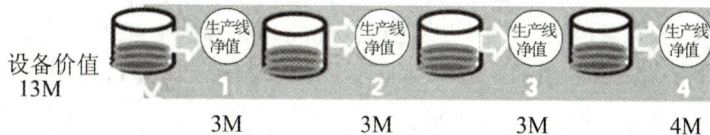

图 4-11　设备价值设置

3.流动资产 52M

流动资产分别按照现金、应收账款、在制品、产成品、原料进行摆放。

(1)现金 20M。由财务总监用空桶将等值的资金装好放置到现金价值区处。如图 4-12所示。

现金20M

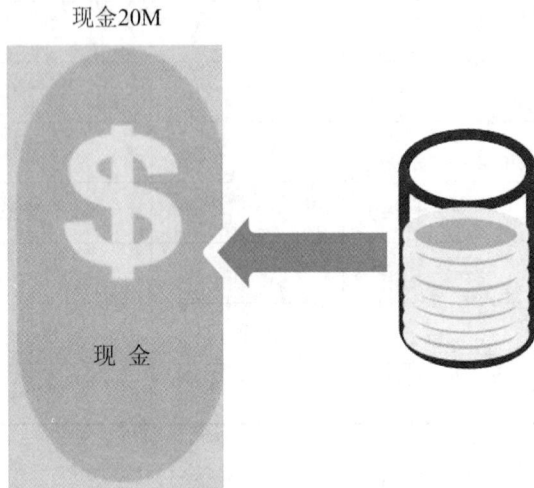

图 4-12　现金设置

(2)应收账款 15M。应收账款账期以季度为单位。应收账款在沙盘模拟操作中一般最长是四期,最短是一期。现设定 15M 的应收账款是三期。由财务总监用空桶将等值的资金装好放置到应收账款区。如图 4-13 所示。

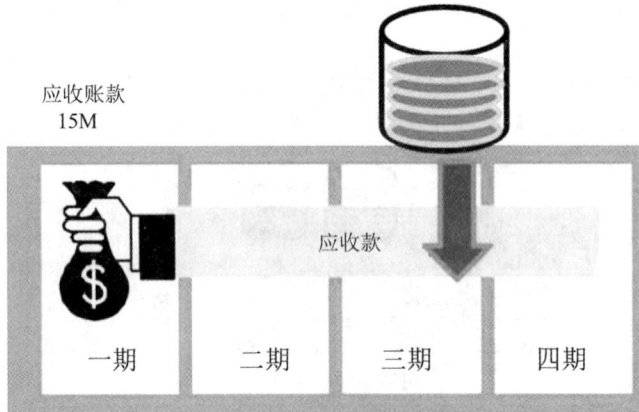

图 4-13　应收账款设置

(3)在制品 8M。在制品 8M 全部设定为产品 P1。在产品 P1 的生产情况设定为:现在只有 A 厂房的四条生产线在生产 P1。3 条手工生产线各生产 1 个 P1,生产周期分别是第一、第二、第三周期;半自动生产线生产 1 个 P1,在第一个生产周期进行生产。放置在制品应由生产总监、财务总监与仓储主管共同配合制作 4 个 P1,并用空桶将 P1 装好放置到 A 厂房生产线处。如图 4-14 所示。

提示:产品 P1 需要 R1 原材料 1M(红色游戏币)和人工费 1M(资金币)。

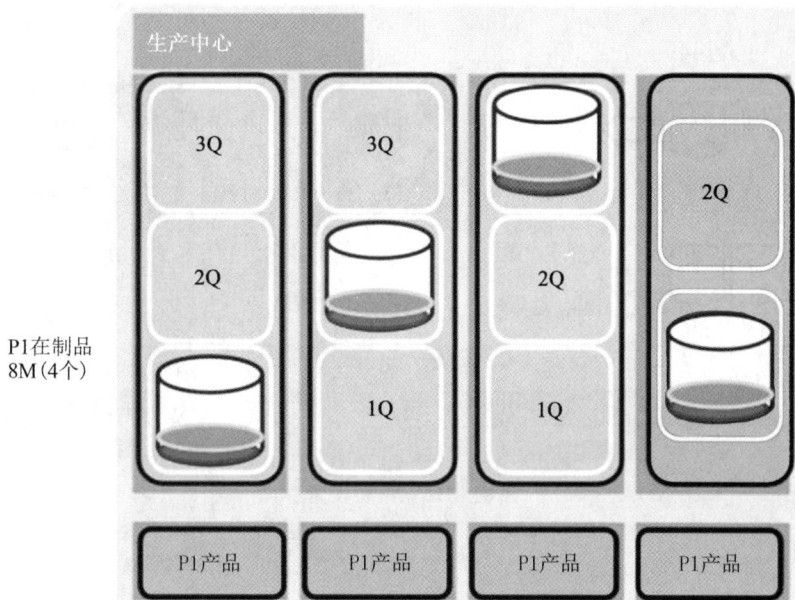

图 4-14　在制品设置

（4）产成品 6M。6M 的产成品全部设定为产品 P1，由生产总监、财务总监与仓储主管共同配合制作 3 个 P1，并用空桶将 P1 装好放置到 P1 成品库里。如图 4-15 所示。

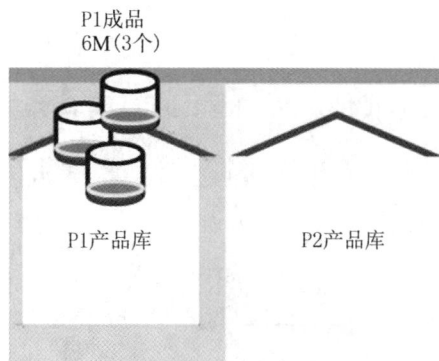

图 4-15　成品设置

（5）原料 3M。原料 3M 全部设定为 R1 原料，每个 R1 原料价值 1M。由仓储主管取空桶 3 个，每个空桶中放上一枚 R1 原料游戏币，并将 3 个小桶放置到 R1 原料订单处。

同时，设定企业 A 已向供应商发出了采购 R1 原料 2 个单位的订单，需由采购总监将 2 个空桶放置在 R1 的采购订单处。如图 4-16 所示。

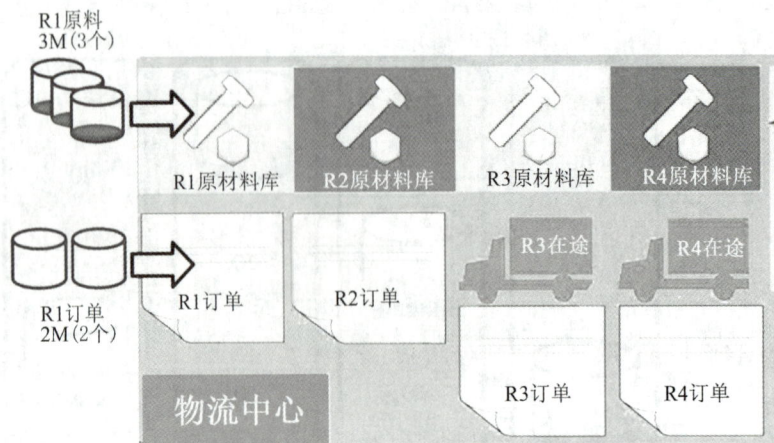

图 4-16　原料设置

4.负债 41M

负债包括长期负债、短期负债、民间融资以及各类应付账款。长期贷款的单位为年，每一行代表一年。短期贷款以及民间融资都是以季度为单位，每一行代表一季度。

(1)长期负债 40M。设定企业 A 借有长期负债 40M，分别是 4 年到期和 5 年到期。由财务总监拿 2 个空桶放在长期贷款的第 4 年处和第 5 年处。如图 4-17 所示。

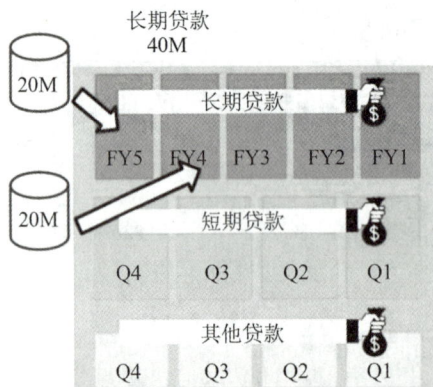

图 4-17　长期负债设置

(2)应交所得税 1M。从利润表(表 4-2)看出企业本年度应交所得税 1M。由于沙盘操作规定本年税金将在下一年度进行缴纳，因此在期初就不用处理。

通过以上操作，完成了期初手工沙盘的布置。

三、手工沙盘的具体操作

手工沙盘具体操作步骤与电子沙盘操作步骤同步。

1.支付企业所得税

经过了上一年的经营，下一年最开始进行的操作是支付企业所得税。财务总监按照模拟生产所得到的税前利润先弥补前 5 年的亏损后，然后按照税前利润乘以 25％取整后,作为所要缴纳的企业所得税。具体做法是按照取整后的数额,从"现金"区取资金拿到"规划"区的"税金"处,表示缴纳税金。如图 4-18 所示。

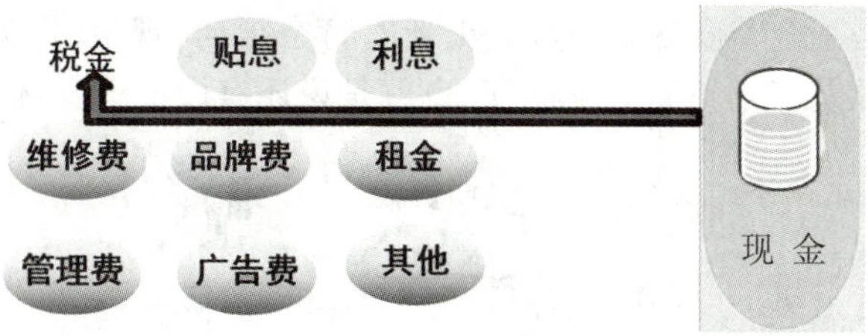

图 4-18　支付所得税

2. 广告投入

模拟企业在年度战略决策后,销售部门根据企业战略,分区域、分市场进行广告投放。广告投放数额确定后,销售总监将等值的资金从"现金"区拿到"规划"区的"营销"处,表示广告投入。如图 4-19 所示。

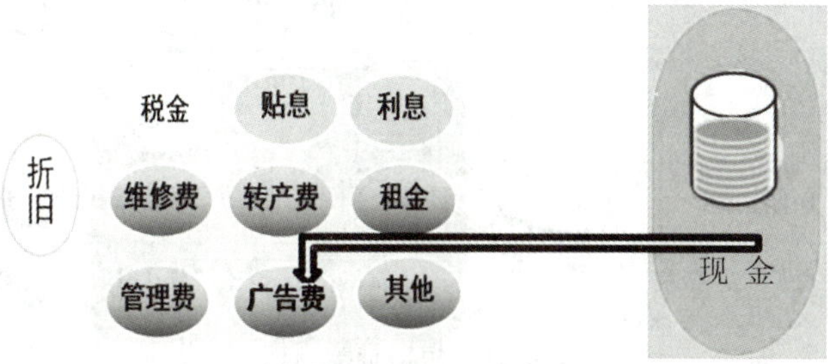

图 4-19　广告投入

3. 参加订单竞选

销售总监根据企业年初战略、广告投放、市场需求等条件与采购商达成一致条件,完成订单竞选。订单竞选成功后,销售总监将拿到的订单登记到市场订单表格里。见表 4-3。

表 4-3　市场订单

订单号	1	2	3	4	5	6	7	8
市场	本地							
产品	P1							
数量	6							
账期	2Q							
销售额	24							
成本								
毛利								

4.更新短期贷款/还本付息/获得新贷款

(1)更新短期贷款。获得短期贷款时,财务总监将空桶放置在相应的贷款期数处。更新短期贷款,一般是一个季度更新一次。更新时将空桶向"现金"区方向移动一格。如图4-20所示,短期贷款从三期更新到了两期,也就是说还有两个季度就要还本付息了。

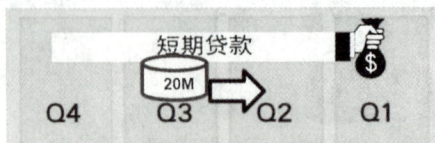

图 4-20　更新短期贷款

(2)还本付息。如果移动后到达"现金"区,说明短期贷款到期,需要还本付息。如图4-21所示。

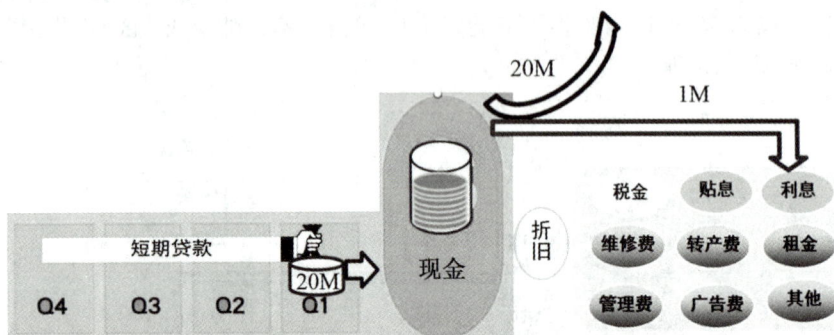

图 4-21　短期贷款到期

企业 ERP 沙盘模拟游戏规则规定,支付的短期贷款利息为本金的 5%。在财务总监计算出利息后,操作有两步。第一步,支付利息,财务总监从"现金"区拿到相应资金放到综合费用区的"利息"处,表示支付利息。第二步,还本金,财务总监从"现金"区拿到本金还回"银行",表示支付本金。

(3)获得新贷款。只有在这一时点上可以申请新的短期贷款。短期贷款的期数一般为四期,也就是四个季度。游戏规则规定,申请短期贷款的最高额度等于上一年所有者权益的 2 倍减去已有短期贷款,并且贷款数额必须是 20 的倍数。

当申请到新的短期贷款时,从"银行"拿资金放到"现金"区,同时拿小空桶放到短期贷款四期账期处。如图 4-22 所示。

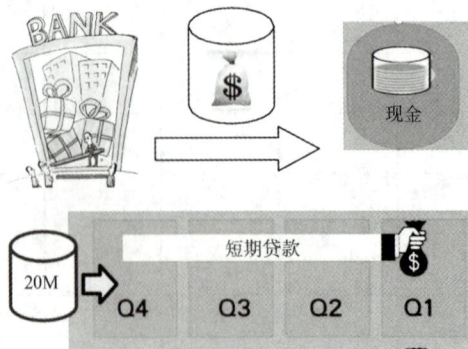

图 4-22　获得新的短期贷款

5.下原料订单

原料订单由采购总监根据年初计划和经营情况,确定生产所需的原料品种和数量。具体做法是用一个空桶来表示预定一批原料。每次预定后由采购总监把对应数量的空桶放置在对应品种的原料订单处,表示已下原料订单。如图 4-23,表示预订了 2 个 R1 原料。

图 4-23　下原料订单

6.接收并支付已订货物

根据规则规定,企业必须无条件接收之前订单预订货物并支付货款。接收货物时,由采购总监将原料订货区的空桶向相应的原料区推进一格,表示货物入库。如图 4-24 所示,表示已订的材料 R1 到货入库。

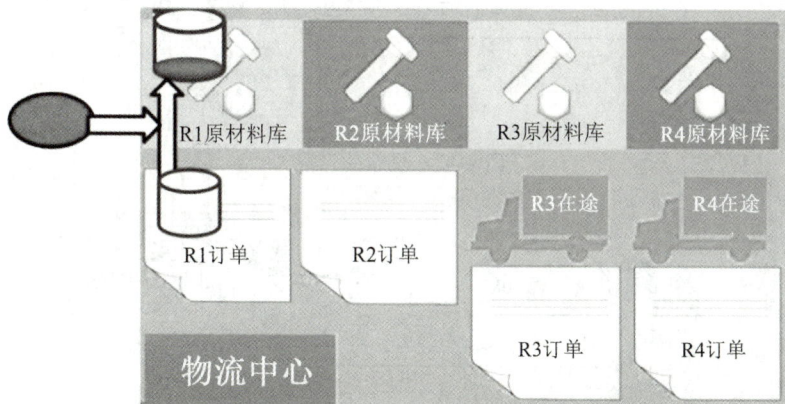

图 4-24　接收已订货物

同时,由财务总监将材料款支付给供应商,从供应商处获得材料。如果是现金支付,财务总监就从现金区拿对应资金支付给供应商,如图 4-25 所示。如果是以赊购方式采购货物,财务总监就需要在应付账款相应账期上放上空桶,如图 4-26 所示,企业未付货款产生 2 个账期的应付账款,二期后企业将付货款给供应商。

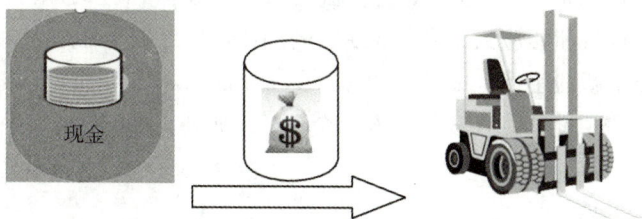

图 4-25　企业付款给供应商

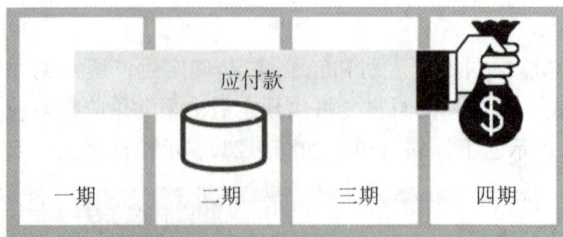

图 4-26　企业未付款

7. 更新生产/完工入库

更新生产时,由生产总监将各生产线上的在产品向前推进一格。如图 4-27 所示,在 A 厂房的一条手工生产线上生产产品 P1 进行了更新。其他类型的生产线更新以此类推。

当装有在产品的小桶走完生产线周期时,就将产品放置于对应的产成品库,表示产品完工入库。如图 4-28 所示。

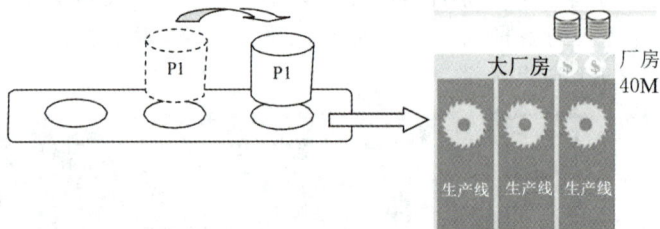

图 4-27　更新生产线

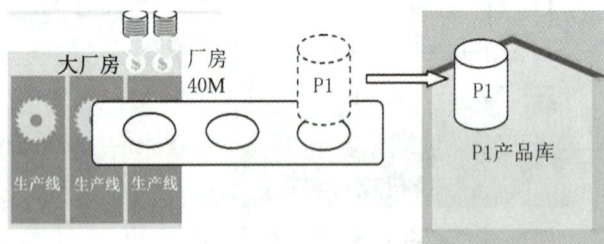

图 4-28　产品完工入库

8. 开始新的生产

在产品完工入库后,就可以根据销售订单开始新的生产。此项操作需要仓库总监、生产总监、财务总监合作完成。首先,由生产总监到仓库领取相应的原材料,生产总监支付人工费用,并把原材料和相应人工费用放到一个小桶内,再把小桶放置到对应生产线的第一个周期,表示开始新的生产。如图 4-29 所示,开始产品 P1 新生产时,由财务总监在空桶中放入 1M 人工费,同时生产总监放入 1 个 R1 原材料,把小桶放到手工生产线的第一个生产周期。

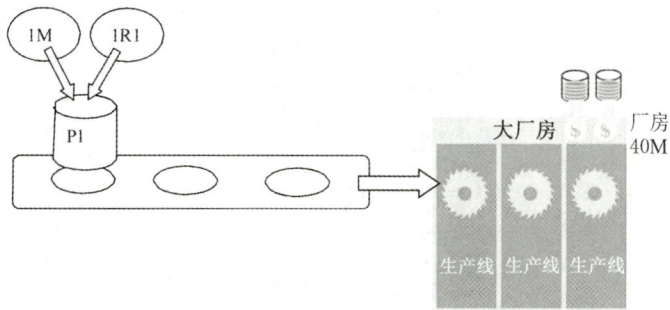

图 4-29 开始新的生产

9.购买新设备/生产线变更/变卖生产线

(1)购买新设备是指购买新的生产线。具体做法是从"现金"区取出相应资金放置到"设备价值"区。如图 4-30 所示。同时,从设备厂商处获得购买的新生产线,准备安装生产。

图 4-30 购买新设备

需要注意的是,购买来的新生产线有些不是可以直接投入生产的。购买/变更/变卖生产线的调整周期及成本见表 4-4。

表 4-4 购买/变更/变卖生产线的调整周期及成本

生产线	生产周期/Q	安装周期/Q	购买成本/M	转产周期/Q	转产费用/M	出售残值/M
手工生产线	3	无	5	无	无	1
半自动生产线	2	2	10	1	1	2
全自动生产线	1	3	15	1	2	3
柔性生产线	1	4	20	无	无	4

安装生产线,以全自动生产线为例,调整周期的表示方法是,购买了全自动生产线,把它反面放置于厂房生产线处,上面摆放一个空桶。在经营四期(4 个季度)后,把生产线翻回正面放置,在空桶内加入相应的原材料及人工费用,放置到生产周期就可以表示进行生产了。如图 4-31 所示。需要安装的其他生产线的摆放以此类推。

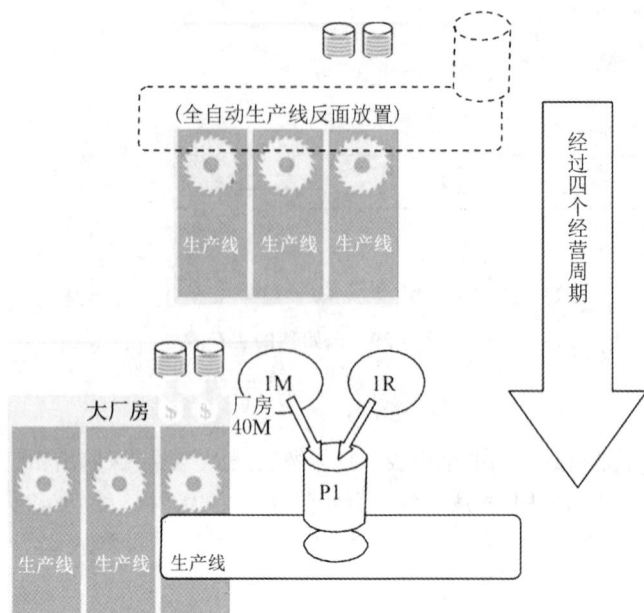

图 4-31　安装生产线

（2）生产线变更是指变更生产线上的产品，比如，原来生产 P1 产品现在要生产 P2 产品，这时就需要变更生产线。变更生产线同样需要支付成本，同时也需要有变更周期。

支付变更生产线的成本，是从"现金"区取走相应资金放到综合费用的"转产费"处，如图 4-32 所示。变更周期的操作方法同安装生产线的方法。

需要注意的是，没有生产产品的生产线才可以进行变更。

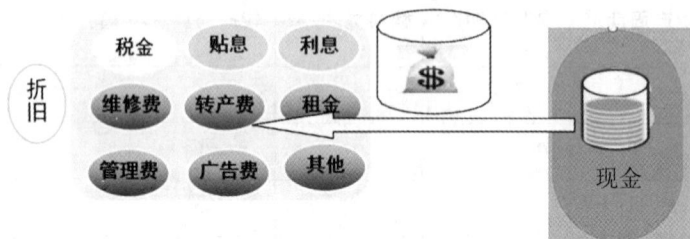

图 4-32　支付变更成本

（3）变卖生产线。为了提高产能和竞争力，变卖落后生产线势在必行。具体做法是把旧生产线从厂房生产线区取出，售卖获得的相应金额放到现金区。如果设备折旧后价值小于出售残值，则差额计入额外收入；如果设备折旧后价值大于出售残值，则差额计入额外支出。如图 4-33 所示。

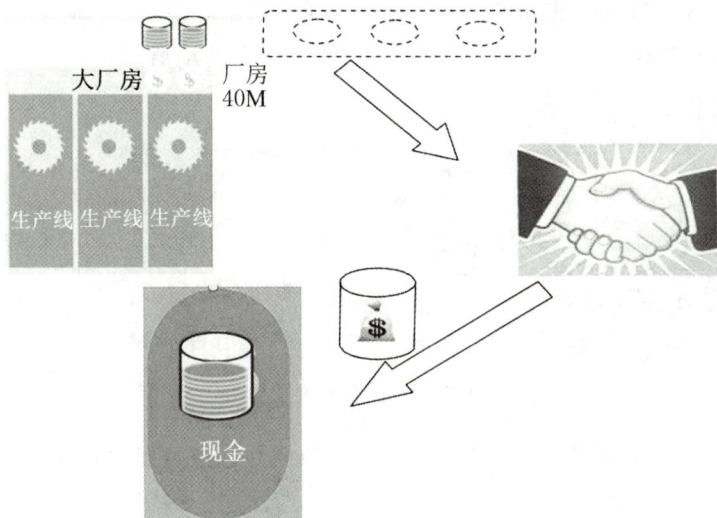

图 4-33 变卖生产线

10.产品研发投资

为了提高企业的竞争力和市场占有率,产品研发投资必不可少。具体做法是,销售总监根据年初计划向财务总监申请研发资金,获得审批后,由财务总监将获批的资金从"现金区"放置到"产品研发费"处,作为研发成本。如图 4-34 所示。

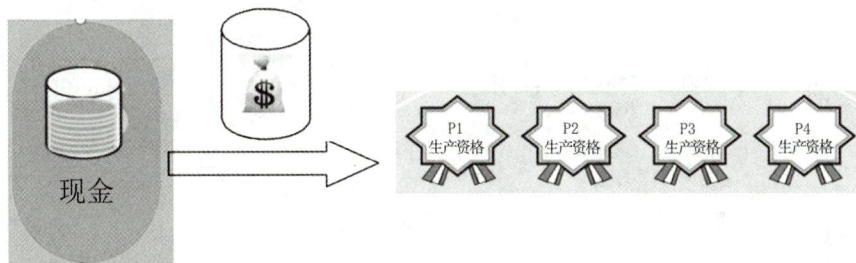

图 4-34 产品研发投资

同时要注意,开发产品除了有投入资金的成本外,还有研发期。在研发期内企业不能进行生产。见表 4-5。生产总监要做好记录。

表 4-5 研发产品成本和研发期表

产品	研发成本	研发时间
P2	4M	4Q
P3	6M	6Q
P4	12M	12Q

11.更新应收账款/贴现

(1)更新应收账款是由财务总监将装有相应应收账款的小桶在每期更新时向"现金"区移动一格。如图 4-35 所示,应收账款从三期更新到二期,表示还有一期就可以收到现金了。

当移动到"现金"区时,表示应收账款到期,现金增加,此时把小桶中的资金留在"现金"区即可。需要提醒的是,财务总监要记录好相关资金变动情况。

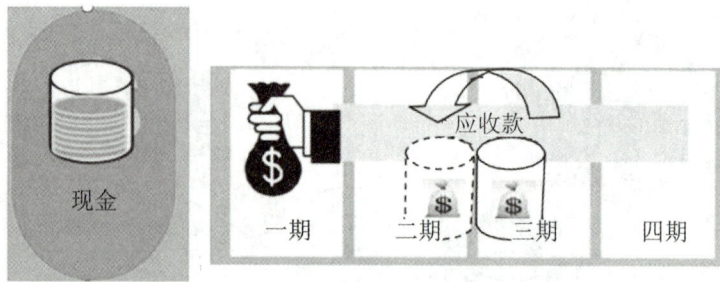

图 4-35　更新应收账款

(2)贴现是指将未到期的应收账款变成现金的行为。规则规定,应收账款可以随时贴现,并且贴现时不需要考虑账期。具体是由财务总监按照 7 的倍数对应收账款进行贴现,其中的 1/7 作为贴现费用放置于"规划"区中的"贴现"处,剩下的 6/7 就作为贴现后获得的现金,放置于"现金"区。如图 4-36 所示。需要提醒的是,财务总监要记录好相关资金变动情况。

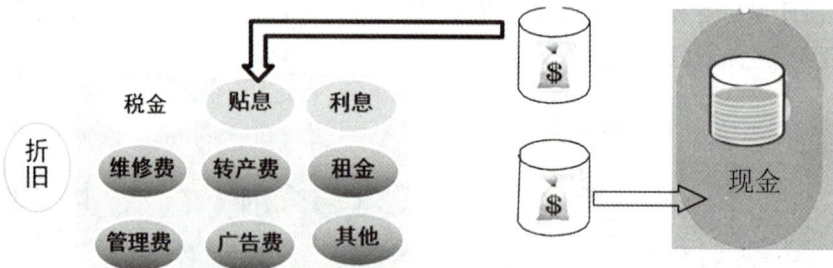

图 4-36　应收账款/贴现

12.更新应付款

更新应付款指归还应付款,具体做法是财务总监放置空桶到相应账期,更新一期就把空桶向"现金"区方向移动一格,当空桶到达"现金"时,表示到期归还应付款。此时,财务总监就从现金库中拿出相应的货币归还。需要提醒的是,财务总监在进行操作时一定要记录好现金收支情况。具体操作方法与应收账款更新相同。

13.交货给客户

当产成品库中的产品数量达到客户订单要求时,就可以交货了。交货时,按产品数量将装有原材料费和人工费用的小桶交给客户,获得收入。假若产品订单为 0 期,营销总监直接获得资金,将资金放置于"现金"区。如图 4-37 所示。假若产品订单有账期,就为应收款,营销总监就将相应现金装到小桶内放置到应收款相应账期。需要提醒的是,营销总监要随时关注成品库中的产成品数量是否达到客户需要。

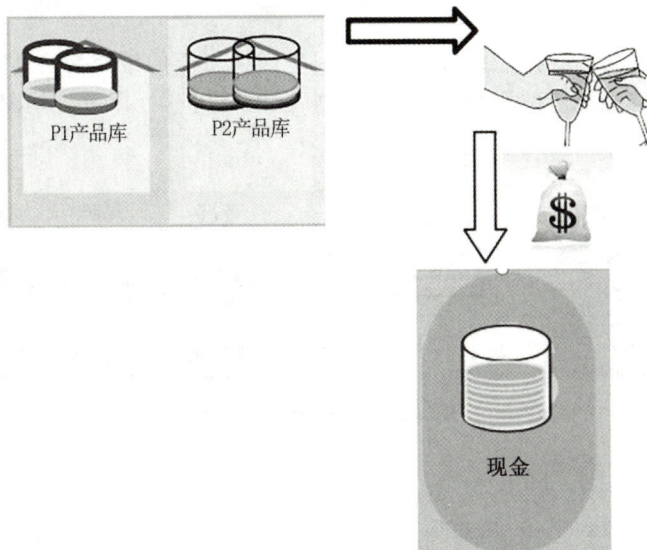

图 4-37 获得货款

14.支付行政管理费

财务总监从"现金"区取出 1M 摆放在"规划"区的"行政管理费"处,并做好现金收支记录。如图 4-38 所示。

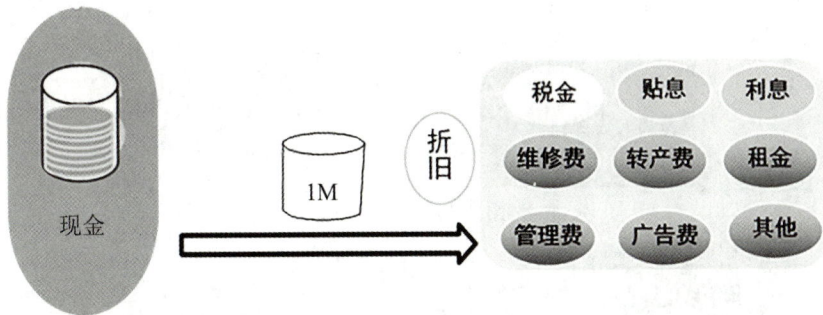

图 4-38 支付行政管理

15.更新长期贷款/支付利息/获得新贷款

(1)更新长期贷款。获得长期贷款时,财务总监将空桶放置在相应的长期贷款期数处。长期贷款一期代表一年。在更新时,将空桶向"现金"区方向移动一格,移动到达"现金"区,说明长期贷款到期,需要还本付息。

(2)支付利息。规则规定,长期贷款的还款是每年支付一次利息,到期还本,年利率固定为 5%。每年年末,财务总监计算长期贷款的利息,从"现金"区取出相应资金放置到"费用"区的"利息"处即可。当长期贷款到期时,财务总监要从"现金"区取出相应资金交回银行,同时支付利息。本金一般交回教师处即可。

(3)获得新贷款。新的长期贷款只能在年末进行申请。规则规定,申请额度为上一年所有者权益的 2 倍减去已有长期贷款。获得新贷款后,将资金摆放于"现金"区,同时放置一个空桶到相应长期贷款期数处。具体操作方法与短期贷款相同。

16.支付设备维修费

这里的设备主要指在用生产线,每条在用生产线每年的维修费为1M。每年末,财务总监从"现金"区取出相应的资金放置于"规划"区的"维护"处即可。如图4-39所示。

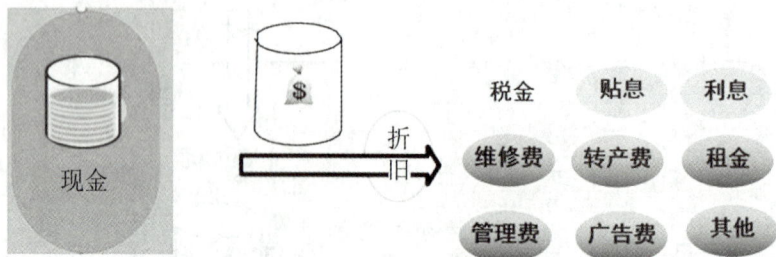

图4-39　支付设备维修费

17.支付厂房租金/购买厂房

在企业的生产经营中,厂房可以购买也可以租赁,这时需要支付相关费用。规则规定,在沙盘中,只有大厂房为企业自有固定资产,如果企业要扩大生产规模,比如,在小厂房安装生产线,这时就需要决策小厂房是购买还是租赁。决定购买时,由财务总监从"现金"区取出与厂房价值相同的资金放置于"厂房价值"处,如图4-40所示;决定租赁时,由财务总监从"现金"区取出与厂房价值相同的资金放置于"租金"处,如图4-41所示。

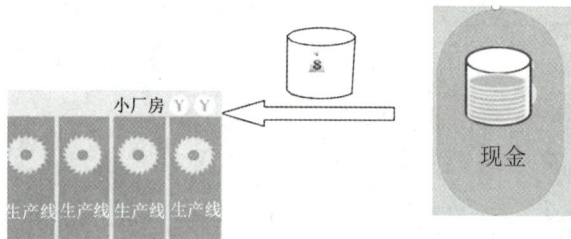

图4-40　购买厂房

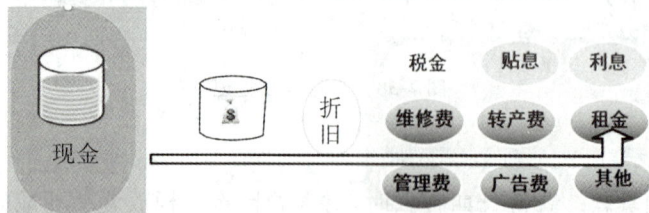

图4-41　租赁厂房

18.计提折旧

规则规定,每条生产线按5年平均折旧法计提折旧,而厂房、在建工程及当年新建设备不计提折旧。当设备价值下降到残值时,无须再提折旧。财务总监从"设备价值区"取出相应折旧费放置于综合费用处的"折旧"处。如图4-42所示。

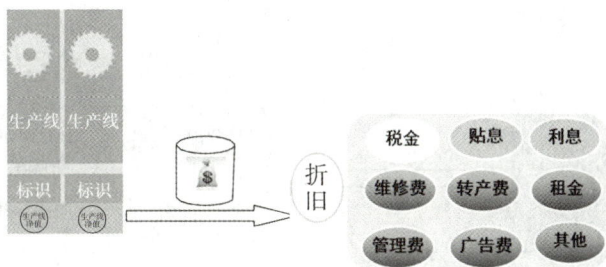

图 4-42 折旧

19. 新市场开拓/ISO 认证投资

(1)新市场开拓。财务总监根据年初计划,在年末从"现金"区取出相应资金放置到"市场开发费"的相应市场区域内。如图 4-43 所示。开拓新市场时要注意规则规定,见表 4-6。

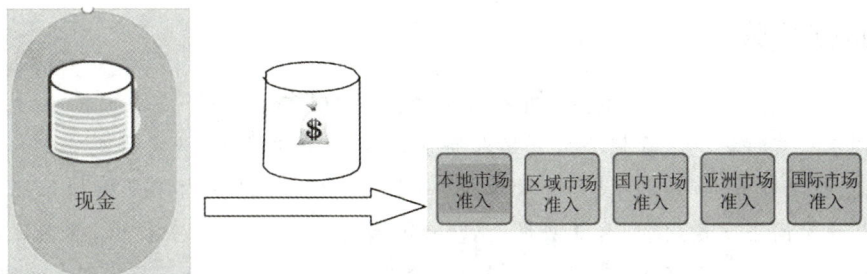

图 4-43 新市场开拓

表 4-6 新市场开拓/ISO 认证投资规则

市场	本地市场	区域市场	国内市场	亚洲市场	国际市场	ISO9000	ISO14000
时间	开放	≥1 年	≥2 年	≥3 年	≥4 年	≥2 年	≥3 年
投资	无	1M/年	1M/年	1M/年	1M/年	1M/年	1M/年

可以在任何时间停止对市场开拓的投资,但已经付出的钱不能收回。如果在停止开拓一段时间后想继续开拓该市场,可以在以前投入的基础上继续投入。市场开拓可以全部开拓,也可以选择部分市场。

市场的开拓每年只能投入 1M 的费用,不能加速开拓。只有在该市场完全开拓完成后,才能在下一年度里参与该市场的竞单。

ISO9000,ISO14000 只要认证完成以后就可以参与带有 ISO9000 或 ISO14000 的订单竞争。

(2)ISO 认证投资。财务总监根据年初计划,在年末从"现金"区取出相应资金放置到要认证的相应区域内。如图 4-44 所示。要注意 ISO 认证投资规则规定。

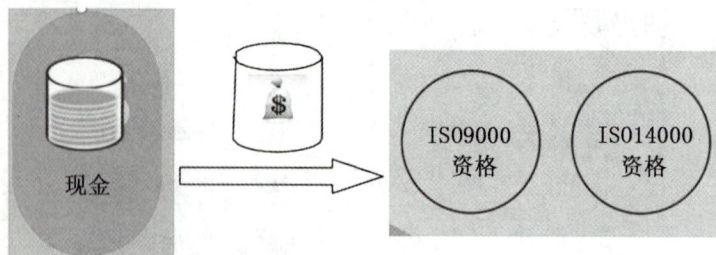

图 4-44　ISO 认证投资

20.结账

经营一年之后,要在年终进行结账,编制"资产负债表"和"利润表"。检查一年的财务状况和经营成果。

在报表做好后,由教师将沙盘中企业支付的各项费用收走,为下一年经营做好准备。

创业者经验分享

创业前要做好充分的准备

深圳市一窗科技有限责任公司创始人周宇表示,开始创业前,一定要花一定的时间去准备,包括技术储备、市场调研、资金来源等,一个都不能少。"室内阳光模拟系统项目我花了两年的时间去准备,但到真正去做时,还是感觉准备不足。"周宇表示,虽然目前我国的创业环境是历史上最好的,政府大力提倡大众创业、万众创新,但是具体到每个创业者,每个人的条件是否适合还是个未知数,有的人具备了创业的条件,但有的人就不具备创业的条件。所以,在创业之前,一定要花大量的时间去做一些认证、去做一些尝试,如果认为可行,就要坚定地走下去。但周宇还是提醒创业者,创业一定要谨慎,谨慎一点没坏处。

(《创业英雄》编委会:《创业英雄》,科学技术文献出版社 2018 年版,第 62 页,有改动。)

课后重点知识总结

(1)ERP 沙盘模拟企业经营使用的手工沙盘实训教具有游戏币与空桶、订单卡片、产品标识以及生产线。

(2)初始盘面的布置根据企业的资产负债表及利润表来设定。

(3)手工沙盘的具体操作中,学习了支付企业所得税、广告投入、参加订单竞选、更新短期贷款/还本付息/获得新贷款、下原料订单、接收并支付已订货物、更新生产/完工入库、开始新的生产、购买新设备/生产线变更/变卖生产线、产品研发投资、更新应收账款/贴现、更新应付款、交货给客户、支付行政管理费、更新长期贷款/支付利息/获得新贷款、支付设备维修费、支付厂房租金/购买厂房、计提折旧、新市场开拓/ISO 认证投资、结账。

模块五　电子沙盘模拟经营规则

📖 知识目标

1. 熟悉电子沙盘学生端界面布局。
2. 掌握电子沙盘学生端具体操作。

💡 能力目标

会进行电子沙盘模拟企业6年的运营。

💬 思政目标

1. 增强操作新软件的信心。
2. 增强在工作及创业过程中遇到问题后寻找办法解决问题的信心。

📘 知识导图

📋 案例导入

苏姿丰带领 AMD 公司走出困境

2012年,摆在麻省理工学院博士、前IBM高管、AMD公司高级副总裁苏姿丰面前的,是一家连续亏损五年、从2008年到2011年走马灯般换了4任CEO、核心人才不断流失、茶水间里充满怨声和流言的公司。只有那些资历够久的员工才记得风光往事,公司在CPU市场上一度占有近40%份额,几乎和英特尔平起平坐,曾经把英伟达列入收购名单。

2006年公司耗资42亿美元,将走下坡路的图形芯片厂商ATI收入囊中,这成为公司的拐点。这没有换来预期的业务协同,反而换来了巨额债务,酝酿出一场财务危机。在市场上,老对手英特尔正在咄咄逼人,高性能的酷睿双核处理器问世,打得AMD狼狈不堪。华尔街的基金经理、分析师们从每周造访,变成了按季探望。直到连科技媒体都对他们无兴趣的时候,公司IR部门的担心成了事实。在2012年6月,AMD的市值缩水到英特尔的3%左右。

9700名员工，AMD最结实的权柄，在2012年交到了苏姿丰手里，但AMD的复兴，若操持不当，随时会落空。老员工人人心知肚明，苏姿丰需要一场扭转乾坤的胜利。他们很快发现了不同。不必要的差旅、头等舱和五星级酒店，成了被砍掉的开支部分。同时还有14%的大裁员，随之而来的架构重组。但这些变化，都比不上新增长点醒目，针对游戏的定制芯片业务，抽走了最好的工程师、产品经理和销售。2013年下半年，AMD一举斩获索尼PS4的订单，成为全球三大游戏主机厂商的共同供应商，这为AMD开辟了新的增长曲线，逐渐摆脱对PC业务的依赖。两年后，AMD非传统PC业务的贡献占比由10%提升到40%，而增长主力正是游戏业务。

2014年10月，苏姿丰升任CEO，用大手笔投入前沿技术，开启多元化策略。在会议室里，苏姿丰面对一屋子的高管，宣布了三句话的工作纲领：打造伟大产品，深化客户关系，简化业务流程。提出"5%"原则，用来推动公司持续优化和进步——所有员工，并不需要50%的提升，但必须每次都比上一次优秀5%。2015年5月，经过一年多的深度调查与思考后，苏姿丰最终决定，将AMD的未来聚焦于三大持续增长的高性能计算领域：游戏、大数据中心和沉浸式平台。2017年3月，首批Ryzen芯片上市，性能比英特尔的同类产品高出16%以上，价格却不到后者的一半。凭借这一巨大优势，AMD的CPU市场份额很快飙升到11%。整个公司也因此重新焕发生机，扭亏为盈。

在苏姿丰执掌AMD 5年后，AMD跃升为人工智能、企业云、游戏等高性能产业的强大支柱，合作伙伴包括苹果、索尼、戴尔、联想、思科、惠普、华为等科技巨头，谷歌、亚马逊、腾讯、阿里巴巴也都使用了基于AMD处理器的云服务。2022年，AMD收购FPGA龙头企业赛灵思（Xilinx）的交易终于完成，近500亿美元的交易规模，成为全球半导体并购史上之最。收购完成后，AMD将全面布局CPU、GPU、FPGA和自适应SoC产品线，成为英特尔的劲敌。

苏姿丰坦承，在工作的头几年，她常常犯错，但恰恰是那些最挫败的时刻对她的职业生涯贡献最大。而要获得成功，就必须"找到世界上最棘手的问题，解决它们，这样才能掌握自己的命运，真正给世界带来改变"。因为有这样的信念，当年她才会把入主AMD当作人生中最好的机会，无惧旁人雪片般的质疑。

（作者根据相关网络资料整理而成。）

思考：

1. 苏姿丰是如何带领亏损中的AMD公司走出困境的？

2. 大家如果在沙盘模拟企业经营实际运营中遇到困境，该以何种心态面对？

一、电子沙盘盘面简介

国内电子沙盘的运营商有多个，本教材选用杭州百树科技有限公司研发的百树电子沙盘进行操作说明。电子沙盘盘面主要介绍学生端界面。学生端界面完全将手工沙盘操作电子化，使电子沙盘系统自动对每组学生的操作做出判断并评分，按学生担任的管理岗位提供系统的分析评估报告，大大降低了学生在纸面上填写并进行人工判断的工作量，同时有助于教师对教学进度进行控制以及对学生学习任务完成的质量进行对比和监控。

电子沙盘学生端操作主界面如图 5-1 所示。

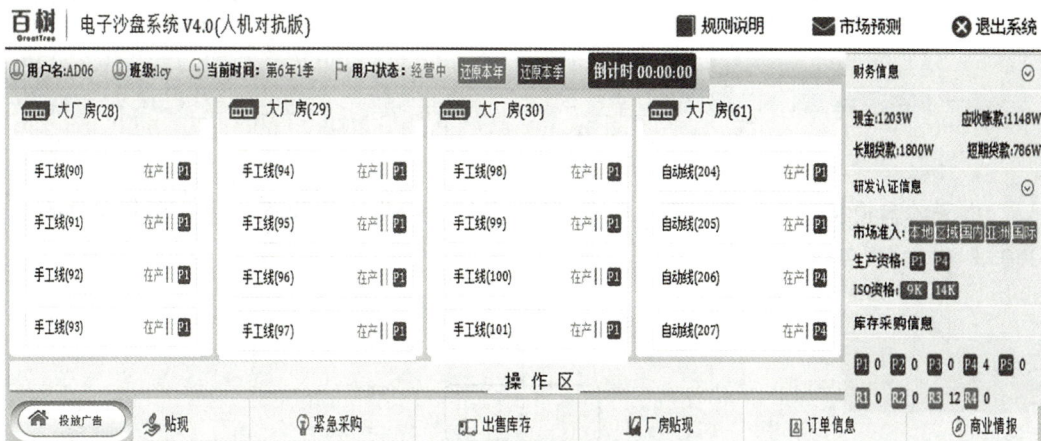

图 5-1 电子沙盘学生端操作主界面

电子沙盘学生端操作主界面核心区域主要包括厂房信息、财务信息。在右上角有规则说明和市场预测两部分操作信息可以进行查询。主界面的下端可以进行投放广告、贴现、紧急采购、出售库存、厂房贴现等操作,同时可以进行订单信息和商业情报的查询。

案例分享

重构未来商业的关键词

观峰咨询公司董事长杨永华认为,商业未来变化可以通过五个关键词来理解。

关键词 1:生态

构建商业生态圈本质在于多赢。商业是什么?是竞争与合作,出发点是利他。现代化的商场,就是多元业态的融合。没有合作、没有价值共享、没有价值链接,商业是走不下去的,生态圈也打造不起来。

关键词 2:增值服务

相比工业,商业的本质是服务。如果公司的商业模式很好,能够在生态内提供好的增值服务,根本不需要外来资本注入,自己就可以滚动发展。

关键词 3:买点

忘掉卖点,去找买点。营销是回答消费者为什么买的艺术。品牌要坚持消费者思维,审视自己的产品时,要从消费者角度去思考自己是否愿意购买,找到消费者购买的理由。

关键词 4:总部能力

未来的商业,重点在于总部能力的建设,商业的崛起取决于总部能力。总部能力指的就是品牌号召力、模仿复制力、产品推广力。过去的营销解决的是卖的问题,一级压一级往下走,一级总经销给二批商,二批商给分销商。现在的营销要解决的是买的问题。所以,找到消费者买点,复制快速推广模式,才是商业崛起的根本。用总部能力去整合资源,形成一个生态圈,就完成了商业模式的构建。

关键词 5:消费场景化体验

过去的商业是商品流通环节,现在的商业回归到消费者体验。让企业的文化、产品的价值在商业场所里得以完美体现,你的商业能力才会强大。超越商品本身的物质属性,制造消费者尖叫,这是商业的能力。

(杨永华:《重构未来商业的关键词》,《销售与市场》2022 年 1 月,第 32 页,有改动。)

二、电子沙盘操作

(一)全年运营流程说明

1.年度运营总流程

电子沙盘模拟运营企业经营 6 个年度,每个年度分设 4 个季度运行。全年总体运营流程如图 5-2 所示。

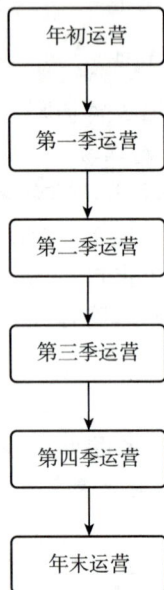

图 5-2　全年运营总流程

2.年初运营流程

年初企业运营过程包括年度规划、投放广告、支付广告费、支付所得税、参加订货会、长期贷款。具体运营流程如图 5-3 中所示。

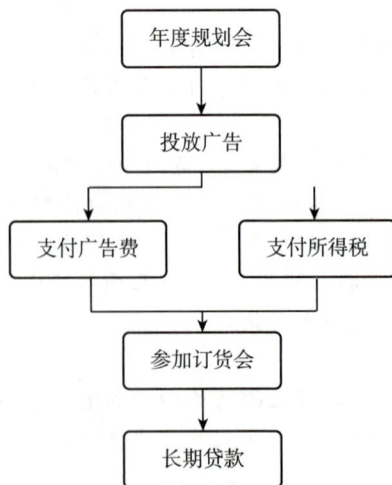

图 5-3　年初运营流程

3.每季度运营流程

每季度运营的流程如图 5-4 中所示。

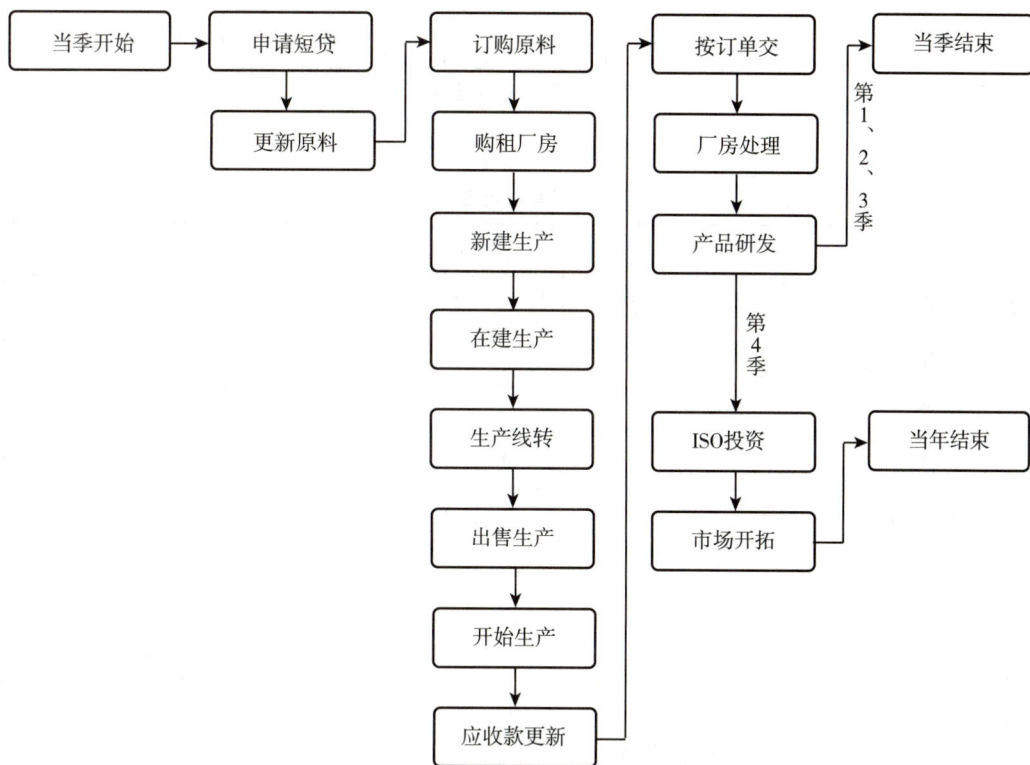

图 5-4 每季度运营流程

4.年末运营流程

年末运营流程主要包含填写报表和投放广告,具体流程如图 5-5 中所示。

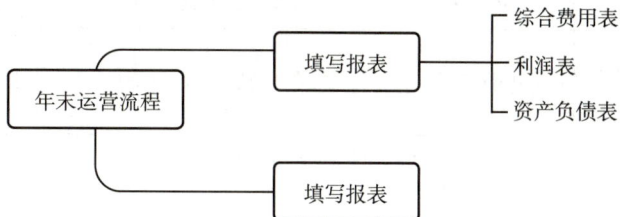

图 5-5 年末运营流程

5.流程外运营流程

除上述运营操作外,企业随时可进行贴现、紧急采购、出售库存等的运营操作,具体如图 5-6 中所示。

(注:为保证企业按规则经营,系统限制了各组企业在参加竞单会过程中进行紧急采购和间谍操作。)

| 贴现 | 紧急采购 | 出售库存 |

| 厂房贴现 | 订单信息 | 间谍 |

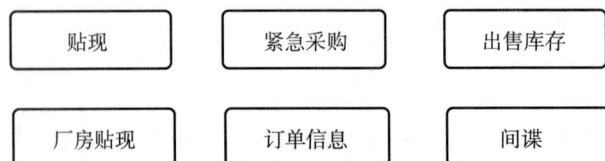

图 5-6　流程外运营流程

手工操作流程在系统内对应的按钮及操作要点见表 5-1。

表 5-1　手工操作流程在系统内对应的按钮及操作要点

手工操作流程	系统操作对应按钮	系统操作要点	系统操作次数限制
投放广告	投放广告	输入广告费确认	1 次/年
参加订货会选订单/登记订单	参加订货会	选单	1 次/年
支付应付税		系统自动	
支付长贷利息		系统自动	
更新长期贷款/长期贷款还款		系统自动	
申请长期贷款	申请长贷	输入贷款数额并确认	不限
季初盘点(请填余额)	当季开始	产品下线,生产线完工(自动)	1 次/季
更新短期贷款/短期贷款还本付息	当季开始	系统自动	1 次/季
申请短期贷款	申请短贷	输入贷款数额并确认	1 次/季
原材料入库/更新原料订单	更新原料库	需要确认付款金额	1 次/季
下原料订单	下原料订单	输入并确认	1 次/季
购买/租用——厂房	购置厂房	选择并确认,自动扣现金	不限
更新生产/完工入库	当季开始	系统自动	1 次/季
新建/在建/转产/变卖——生产线	新建生产线,在建生产线,生产线转产,变卖生产线	选择并确认	新建/转产/变卖——不限,在建——1 次/季

手工操作流程	系统操作对应按钮	系统操作要点	系统操作次数限制
紧急采购(随时进行)	紧急采购	随时进行输入并确认	不限
开始下一批生产	下一批生产	选择并确认	不限
更新应收款/应收款收现	应收款更新	需要输入到期金额	1次/季
按订单交货	按订单交货	选择交货订单确认	不限
产品研发投资	产品研发	选择并确认	1次/季
厂房——出售(买转租)/退租/租转买	厂房处理	选择确认,自动转应收款	不限
新市场开拓/ISO资格投资	市场开拓,ISO投资	仅第四季允许操作	1次/年
支付管理费/更新厂房租金	当季(年)结束	系统自动	1次/季
出售库存	出售库存	输入并确认(随时进行)	不限
厂房贴现	厂房贴现	选择并确认(随时进行)	不限
应收款贴现	贴现	输入并确认(随时进行)	不限
——	间谍	选择并确认(随时进行)	不限
缴纳违约订单罚款	当年结束	系统自动	1次/年
支付设备维修费	当年结束	系统自动	1次/年
计提折旧	当年结束	系统自动	1次/年
新市场/ISO资格换证	当年结束	系统自动	1次/年
结账	当年结束	系统自动(裁判核对报表)	1次/年

(二)操作说明

1.年初运营操作

(1)年度规划会议。年度规划会议在每运营年度开始时召开,在软件中无须操作。年度规划会议一般由团队的CEO主持召开,会同团队中的采购、生产、销售等负责人一起进行全年的市场预测分析、广告投放、订单选取、产能扩张、产能安排、材料订购、订单交货、产品研发、市场开拓、筹资管理和现金控制等方面的分析和决策规划，最终完成全年运营的财务预算。

（2）支付广告费、所得税及到期长贷本息。点击当年结束，系统时间切换到下一年年初，需要投放广告，确认投放后系统会自动扣除所投放的广告费和上年应交的所得税及到期长贷本息。如图 5-7 所示。

图 5-7　投放广告

（3）选单、竞单。点击主页面下方操作区中菜单"参加订货会"，参加选单，如图 5-8所示。

K12(本地,P1)　K13(区域,P1) 正在选单; 国内 亚洲 未开始选单; 国际无订单;

本地　　区域　　国内　　亚洲　　国际

K02 参加第**4**年订货会，当前回合为 区域市场，P1产品，选单用户**K13**，剩余选单时间为**44**秒

ID	用户	产品广告	市场广告	销售	违约	次数	ID	编号	总价	单价	数量	交货期	账期	ISO	操作
1	K13	1	6	25	无	1次	1	6-0236	13	4.33	3	3	2	-	-
2	K06	1	4	28	无	1次	2	6-0237	26	5.2	5	2	2	-	-
3	K05	1	4	11	无	1次	3	6-0238	9	4.5	2	4	0	9K	-
4	K04	1	2	0	无	1次	4	6-0239	18	4.5	4	4	2	-	-
5	K09	1	1	49	无	1次	5	6-0240	10	5	2	4	1	-	-
							6	6-0241	9	4.5	2	2	2	-	-
							7	6-0242	13	4.33	3	3	2	-	-
							8	6-0243	5	5	1	2	0	-	-
							9	6-0244	14	4.67	3	4	1	14K	-

图 5-8　参加订货会(选单)

　　系统会提示正在进行选单的市场(显示为红色)、选单用户和剩余选单时间,企业选单时特别要关注上述信息。

　　对话框左边显示某市场的选单顺序,右边显示该市场的订单列表。未轮到当前用户选单时,右边操作一列无法点击。当轮到当前用户选单时,操作显示"选中"按钮,点击"选中",成功选单。当选单倒计时结束后用户无法选单。

　　选单时要特别注意有两个市场在同时进行选单的情况,此时很容易漏选市场订单。选单后某些年份可能有竞单,通过裁判端订单详情可以查看。

竞单会进行中！　　　　　　　　　　　　　　　　　　　　　　　　　　　　⊗

BJ01参加第2年竞单会,当前回合剩余竞单时间为**55秒**

ID	订单编号	市场	产品	数量	ISO	状态	得单用户	总金额	交货期	账期
1	841	本地	P1	3	-	设置	-	-	-	-
2	842	本地	P1	6	14K	设置	-	-	-	-
3	843	区域	P3	4	-	设置	-	-	-	-
4	844	区域	P3	2	9K 14K	等待	-	-	-	-
5	845	国内	P2	4	14K	等待	-	-	-	-
6	846	国内	P4	3	-	等待	-	-	-	-
7	847	国内	P5	3	14K	等待	-	-	-	-
8	848	亚洲	P1	3	-	等待	-	-	-	-
9	850	亚洲	P1	5	-	等待	-	-	-	-
10	851	亚洲	P2	3	-	等待	-	-	-	-
11	852	亚洲	P3	3	9K 14K	等待	-	-	-	-
12	853	亚洲	P3	5	-	等待	-	-	-	-
13	854	国际	P4	4	9K	等待	-	-	-	-

图 5-9　竞单

　　和选单结构完全一样,竞单结构也标明了订单编号、市场、产品、数量、ISO 要求等,而总金额、交货期、账期三项为空(如图 5-9)。此三项要求各个队伍根据情况自行填写。

　　参与竞单的公司需要有相应市场、ISO 认证的资质,但不必有生产资格。中标的公司需为该单支付等于最小得单广告额标书费,在竞单结束后一次性扣除,计入广告费。系统按照如下公式计算得分:

　　得分=100+(5-交货期)×2+应收账期-8×总价/(该产品直接成本×数量)

　　得分最高者中标,如果计算分数相同,则先提交者中标。

　　(4)长期贷款。点击主页面下方操作区中菜单"申请长贷",弹出"申请长贷"对话框(图 5-10)。弹出框中显示本企业当前时间可以贷款的最大额度,点击"需贷款年限"下拉框,选择贷款年限,在"需贷款额"录入框内输入贷款金额,点击确认,即申请长贷成功。

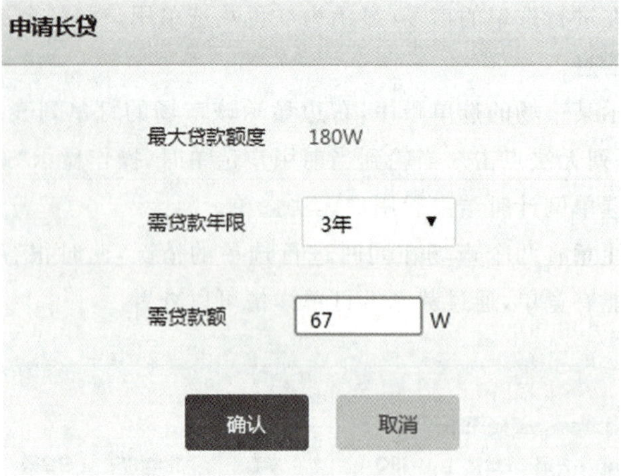

图 5-10　申请长贷

"需贷款年限",系统预设有 1 年、2 年、3 年、4 年和 5 年,最大贷款额度系统设定为上年末企业所有者权益的 N 倍,N 具体为多少,由教师/裁判在参数设置中设定。需贷款额由企业在年度规划会议中根据企业运营规划确定,但不得超过最大贷款额度。

长期贷款为分期付息,到期一次还本。年利率有教师/裁判在参数设置中设定。

若长期贷款年利率设定为 10%,贷款额度设定为上年末所有者权益的 3 倍,企业上年末所有者权益总额为 80W,则本年度贷款上限为 240W(=80W×3),假定企业之前没有贷款,则本次贷款最大额度为本年度贷款上限,即为 240W。若企业之前已经存在 100W 的贷款,则本次贷款最大额度为本年度贷款上限减去已贷金额,即为 140W。

若企业第 1 年初贷入了 100W,期限 5 年,则系统会在第 2、3、4、5、6 年初每年自动扣除长贷利息 10W(=100W×10%),并在第 6 年初自动偿还贷款本金 100W。

2.每季度运营操作

(1)当季开始。点击"当季开始"按钮,系统会弹出"当季开始"对话框(图 5-11),该操作完成后才能进入季度内的各项操作。

图 5-11　当季开始

当季开始操作时,系统会自动完成短期贷款的更新,偿还短期借款本息,检测更新生产/完工入库情况(若已完工,则完工产品会自动进入产品库,可通过查询库存信息了解入库情况)、检测生产线完工/转产完工情况。

(2)申请短贷。点击主页面下方操作区中菜单"申请短贷",弹出"申请短贷"对话框(如图 5-12)。在"需贷款额"后输入金额,点击确认即表示短贷成功。

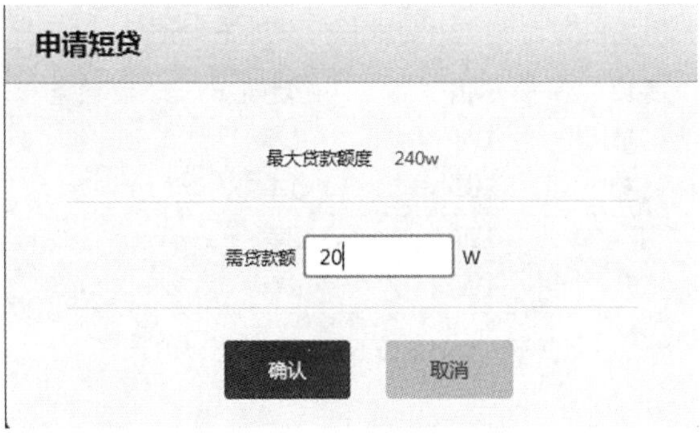

图 5-12　申请短贷

短贷期限默认为 1 年,到期一次还本付息,贷款年利率由教师/裁判在参数设置中设定,短贷申请时不得超过"申请短贷"对话框中的"最大贷款额度"。

举例:

假定企业短期贷款年利率为 5%,则企业若在第 1 年第 1 季度贷入 20W,那么,企业需在第 2 年第 1 季度偿还该笔短贷的本金 20W 和利息 1W(=20×5%)。

(3)更新原料。点击主页面下方操作区中菜单"更新原料库",弹出"更新原料"对话框(图 5-13),提示当前应入库原料需支付的现金。确认金额无误后,点击确认,系统扣除现金并增加原料库存。

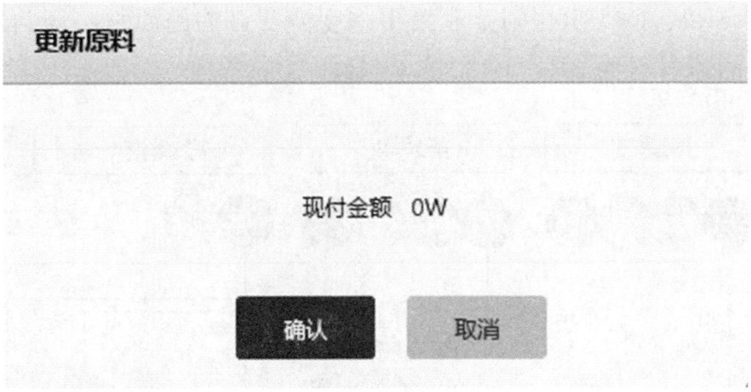

图 5-13　更新原料

企业经营沙盘运营中,原材料一般分为 R1、R2、R3、R4 四种,它们的采购价由系统设定,一般每 1 个原材料价格均为 1W。其中 R1、R2 原材料是在订购 1 个季度后支付,R3、R4 原材料是在订购 2 个季度后支付。

举例:

假定每种原材料每个采购价均为 1W,若某企业在第 1 季度订购了 R1、R2、R3、R4 各 1 个,第 2 季度又订购了 R1、R2、R3、R4 各 2 个,则第 2 季度更新原料操作时,需支付的材料采购款为 2W(系第 1 季度订购的 R1 和 R2 材料款),第 3 季度更新原料操作时,需支付的材料采购款为6W(系第1季度订购的R3、R4材料款和第2季度订购的R1、R2材料款)。

(4)订购原料。点击主页面下方操作区中菜单"订购原料",弹出"订购原料"对话框(图5-14),显示原料名称、价格以及运货周期信息,在数量一列输入需订购的原料量值,点击确认即可。

图5-14　订购原料

企业原材料一般分为R1、R2、R3、R4四种,其中R1、R2原材料需提前1个季度订购,在1个季度后支付材料款并入库,R3、R4原材料需提前2个季度订购,在2个季度后支付材料款并入库。材料订购数量由后期生产需要来决定,订购多了会造成现金占用,订购少了则不能满足生产需要,会造成生产线停产,甚至不能按期完成产品交货,导致产品订单违约。

若企业第2季度需要领用5R1、4R2,第3季度需要领用3R1、4R2、5R3、4R4,第4季度需要领用4R1、6R2、4R3、5R4,则企业第1季度需要订购的原材料即为图5-15中所示,第2季度需订购的原材料为3R1、4R2、4R3、5R4。

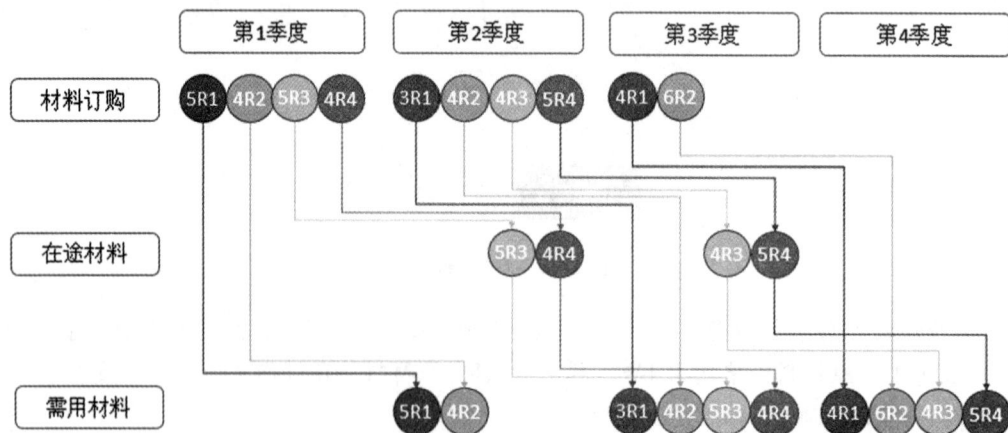

图5-15　原料订购

（5）购租厂房。点击主页面下方操作区中菜单"购租厂房"，弹出"购租厂房"对话框（图 5-16），点击下拉框选择厂房类型，下拉框中提示每种厂房的购买价格、租用价格等。选择订购方式，买或租。点击确认即可。

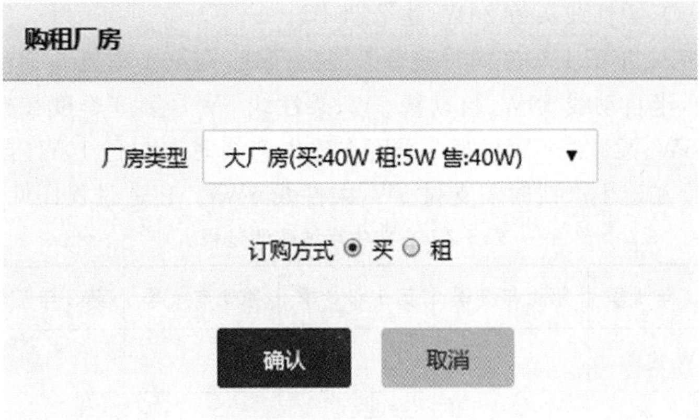

图 5-16　购租厂房

厂房类型根据需要选择大厂房或小厂房，订购方式可以根据需要选择买或租。厂房每季均可购入或租入。

若选择购买，则需一次性支付购买价款，无后续费用；若选择租入，则需每年支付租金，租金支付时间为租入当时以及以后每年对应季度的季末。

若企业在第 1 年第 2 季度选择购入 1 个大厂房，则系统会在购入时一次性扣除相应的购买价款，以后不再产生相关扣款。

若企业在第 1 年第 2 季度选择租入 1 个大厂房，则需在第 1 年第 2 季度租入时支付第 1 年租金，以后每年的租金由系统自动在第 2 季度季末支付。

（6）新建生产线。点击主页面下方操作区中菜单"新建生产线"，弹出"新建生产线"对话框（图 5-17）。选择放置生产线的厂房，点击"类型"下拉框，选择要新建的生产线类型，下拉框中有生产线购买的价格信息，选择新建的生产线计划生产的产品类型。点击确认即可。

新建多条生产线时，无须退出该界面，可重复操作。

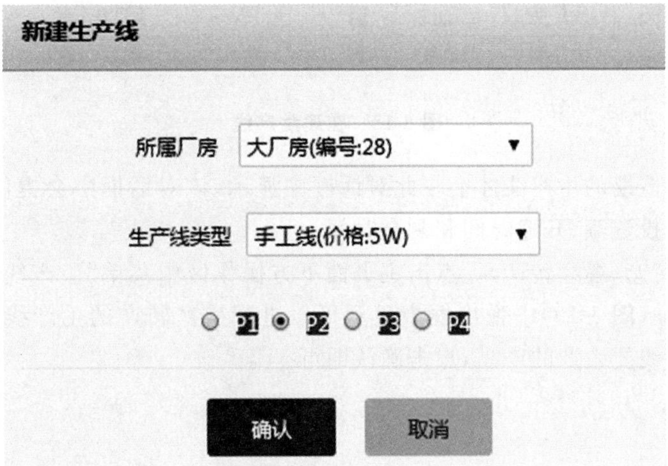

图 5-17　新建生产线

生产线一般包括手工线、半自动线、自动线和柔性线等,各种生产线的购买价格、折旧、残值、生产周期、转产周期、建造周期详见规则说明。

若规则规定:手工线买价 5W、建造期 0Q,半自动线买价 10W、建造期 1Q,自动线买价 15W、建造期 3Q,柔性线买价 20W、建造期 4Q。

企业如果在第 1 年第 1 季度同时建造上述生产线,则第 1 季度新建生产线时需支付 25W(手工线 5W、半自动线 10W、自动线 5W、柔性线 5W),第 2 季度在建生产线时需支付 10W(自动线 5W、柔性线 5W),第 3 季度在建生产线时需支付 10W(自动线 5W、柔性线 5W),第 4 季度在建生产线时需支付 5W(柔性线 5W)。建造过程详见表 5-2。

表 5-2　企业生产线建造过程

	第 1 年 1 季	第 1 年 2 季	第 1 年 3 季	第 1 年 4 季	第 2 年 1 季	总投资额
手工线	5W 建成					5W
半自动线	10W 在建	建成				10W
自动线	5W 在建	5W 在建	5W 在建	建成		15W
柔性线	5W 在建	5W 在建	5W 在建	5w 在建	建成	20W
当季投资总额	25W	10W	10W	5W	50W	

(7)在建生产线。点击主页面下方操作区中菜单"在建生产线",弹出"在建生产线"对话框(图 5-18)。弹出框中显示需要继续投资建设的生产线的信息,勾选决定继续投资的生产线,点击确认即可。

在建生产线　注意:本操作每季度仅允许操作一次。

反选	编号	厂房	类型	产品	累计投资	开建时间	剩余时间
☐	94	大厂房	自动线	P1	5W	第1年1季	2季
☐	95	大厂房	自动线	P2	5W	第1年1季	2季
☐	96	大厂房	自动线	P2	5W	第1年1季	2季

图 5-18　在建生产线

只有处在建造期的生产线才会在此对话框中显示,该对话框中会提供处于建造期间的生产线的累计投资额、开建时间和剩余时间。

(8)生产线转产(继续转产)。点击主页面下方操作区中菜单"生产线转产",弹出"生产线转产"对话框(图 5-19)。弹出框中显示可以进行生产转产的生产线信息,勾选转产的生产线以及转线要生产的产品,点击确认即可。

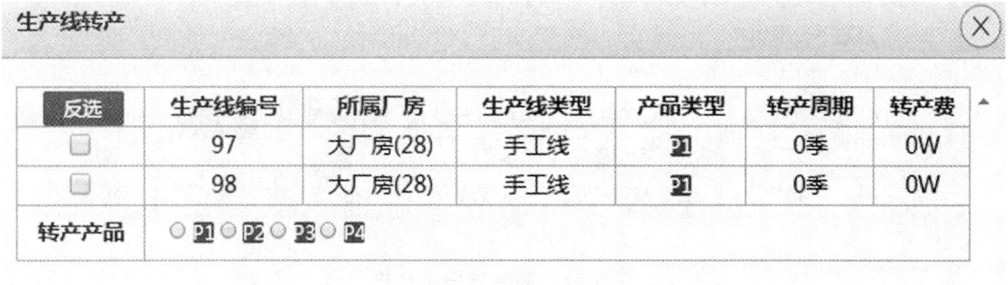
生产线转产

反选	生产线编号	所属厂房	生产线类型	产品类型	转产周期	转产费
□	97	大厂房(28)	手工线	P1	0季	0W
□	98	大厂房(28)	手工线	P1	0季	0W
转产产品	○P1 ○P2 ○P3 ○P4					

图 5-19　生产线转产

生产线建造时已经确定了生产的产品种类，但是在企业运营过程中，为完成不同产品数量的订单按时交货，可能会对生产线生产的产品进行适当的转产操作，转产时要求该生产线处于空闲状态，否则不可进行转产操作。

转产时，不同生产线的转产费用和转产周期是有区别的，具体详见规则说明。当转产周期大于 1Q 时，需要继续转产；当转产周期为零，则可以任意转产，且不需要支付转产费。

(9)出售生产线。点击主页面下方操作区中菜单“出售生产线”，弹出“出售生产线”对话框(图 5-20)。弹出框中显示可以进行出售的生产线信息。勾选要出售的生产线，点击确认即可。

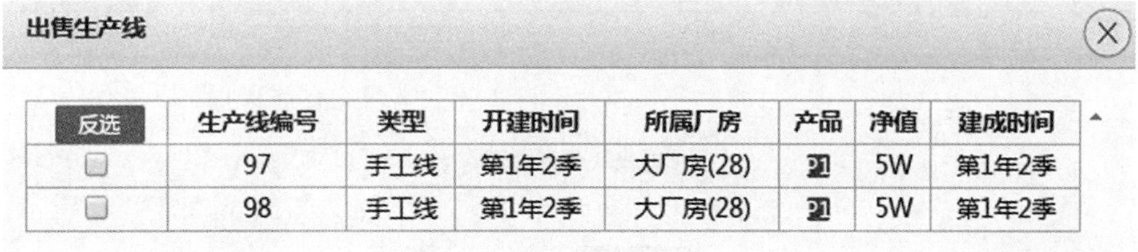
出售生产线

反选	生产线编号	类型	开建时间	所属厂房	产品	净值	建成时间
□	97	手工线	第1年2季	大厂房(28)	P1	5W	第1年2季
□	98	手工线	第1年2季	大厂房(28)	P1	5W	第1年2季

图 5-20　出售生产线

生产线出售的前提是该生产线是空置的，即没有在生产产品。出售时按残值收取现金，按净值(生产线的原值减去累计折旧后的余额)与残值之间的差额作企业损失。即已提足折旧的生产线不会产生出售损失，未提足折旧的生产线必然产生出售损失。

假定规则确定半自动线建设期为 1Q、原值为 10W、净残值 2W、使用年限 4 年，若某企业第 1 年第 1 季度开建一条半自动线，则该生产线系第 1 年第 2 季度建成，只要该生产线处于待生产状态即可进行出售。

若建成后当年将其出售，则会收到 2W 现金，同时产生 8W 损失【=(原值 10W－累计折旧 0W)－净残值 2W】，若第 2 年将其出售，则会收到 2W 现金，同时产生 6W 损失【=(原值 10W－累计折旧 2W)－净残值 2W】，以此类推。

(10)开始生产。点击主页面下方操作区中菜单“开始生产”，弹出“开始下一批生产”对话框(图 5-21)。弹出框中显示可以进行生产的生产线信息。勾选要投产的生产线，点击确认即可。

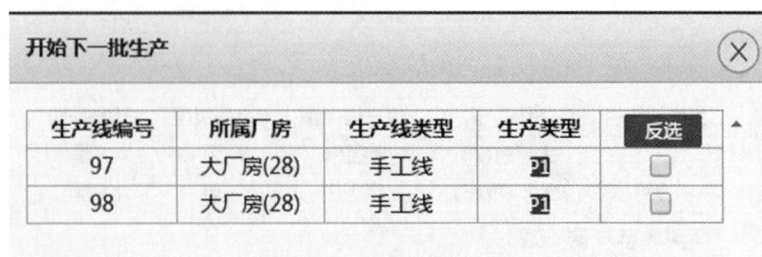

图 5-21   开始下一批生产

开始下一批生产时保证相应的生产线空闲、产品完成研发、生产原料充足，投产用的现金足够，上述四个条件缺一不可。开始下一批生产操作时，系统会自动从原材料仓库领用相应的原材料，并从现金处扣除用于生产的人工费用。

假定规则规定 P1 产品构成为 1R1＋1W，当前想在某半自动线上上线生产 P1 产品，则要求该半自动线此时没有在产品（因为一条生产线同时只能生产 1 个产品），且原材料仓库需有 1 个 R1 原材料，以及 1W 的现金余额用于支付产品生产的人工费。上线生产后，系统会自动从 R1 原材料库中领用 1 个 R1，并从现金库中扣除 1W 的生产费用。

（11）应收款更新。点击主页面下方操作区中菜单"应收款更新"，弹出"应收款更新"对话框（图 5-22），点击确认即可。

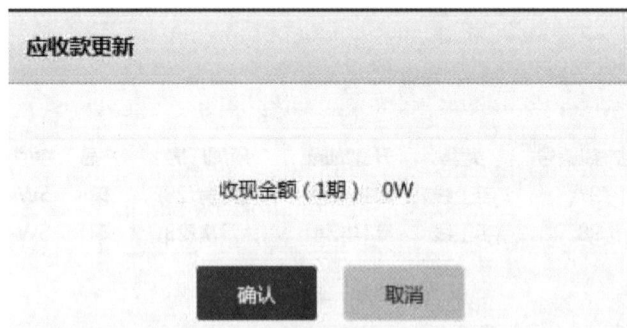

图 5-22   应收款更新

应收款更新操作实质上是将企业所有的应收款项减少 1 个收账期，它分为两个种情况，1 期应收款自动收现，2、3、4 期应收款减少一个账期。

（12）按订单交货。点击主页面下方操作区中菜单"按订单交货"，弹出"订单交货"对话框（图 5-23）。点击每条订单后的"确认交货"即可。

订单编号	市场	产品	数量	总价	得单年份	交货期	账期	ISO	操作
24-0017	本地	P1	4	19W	第2年	4季	1季	-	确认交货
24-0049	区域	P1	3	15W	第2年	4季	3季	-	确认交货
24-0076	区域	P2	3	20W	第2年	4季	2季	-	确认交货
24-0085	区域	P3	2	15W	第2年	4季	2季	-	确认交货
24-0032	本地	P2	3	18W	第2年	4季	3季	-	确认交货

图 5-23   订单交货

订单交货对话框中会显示可以交的订单(不包括过了交货期的),有足够库存则可成功交货,得到应收款或者现金(即0账期订单)。

(13)厂房处理。点击主页面下方操作区中菜单"厂房处理",弹出"厂房处理"对话框(图5-24)。选择厂房的处理方式,系统会自动显示出符合处理条件的厂房以供选择。勾选厂房,点击确认。

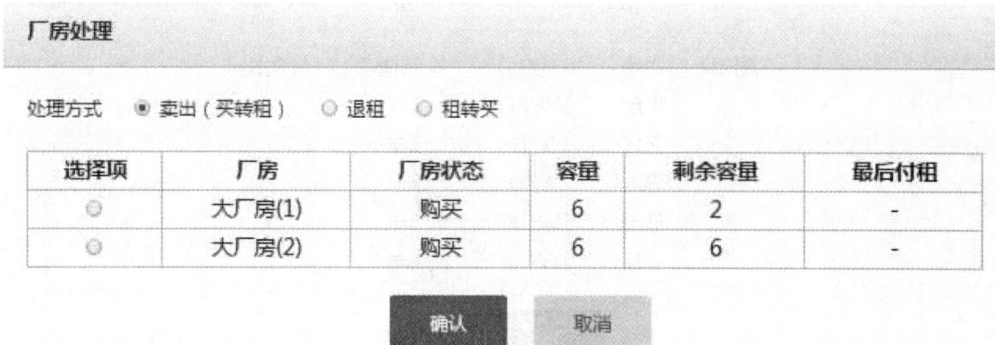

厂房处理

处理方式　◉ 卖出(买转租)　○ 退租　○ 租转买

选择项	厂房	厂房状态	容量	剩余容量	最后付租
○	大厂房(1)	购买	6	2	-
○	大厂房(2)	购买	6	6	-

确认　取消

图 5-24　厂房处理

厂房处理方式包括卖出(买转租)、退租、租转买三种。

买转租操作针对原购入的厂房,实质上此操作包括两个环节,一是卖出厂房,同时将此厂房租回,卖出厂房将根据规则产生一定金额、一定账期的应收款(详见规则说明),租入厂房需支付对应的租金,这一操作无须厂房空置。

退租操作针对原租入的厂房,该操作要求厂房内无生产设备。

租转买操作针对原租入的厂房,按售价支付现金。

假定规则规定某大厂房购买价为30W,租金4W/年。若企业欲将原购入的大厂房买转租,则会产生期限为4Q、金额为30W的应收款,同时系统会在买转租时自动扣除当期厂房租金4W。

(14)产品研发。点击主页面下方操作区中菜单"产品研发",弹出"产品研发"对话框(图5-25)。勾选需要研发的产品,点击确认。

产品研发

选择项	产品	投资费用	投资时间	剩余时间
☑	P1	1W/季	2季	-
☑	P2	1W/季	3季	-
☐	P3	1W/季	4季	-
☐	P4	1W/季	5季	-

确认　取消

图 5-25　产品研发

产品研发按照季度来投资,每个季度均可操作,中间可以中断投资,直至产品研发完成,产品研发成功后方能生产相应的产品。

举例:以 P1 为例,第 1、2 季度投资,第 2 季当季结束获得生产资格,第 3 季度即可生产使用。

(15)市场开拓。该操作只有每年第 4 季度才出现。点击主页面下方操作区中菜单"市场开拓",弹出"市场开拓"对话框(图 5-26)。勾选需要研发的市场,点击确认即可。

市场开拓

选择项	市场	投资费用	投资时间	剩余时间
☐	本地	1W/年	1年	-
☐	区域	1W/年	1年	-
☐	国内	1W/年	2年	-
☐	亚洲	1W/年	3年	-
☐	国际	1W/年	4年	-

确认　　取消

图 5-26　市场开拓

市场包括本地市场、区域市场、国内市场、亚洲市场和国际市场。市场开拓是企业进入相应市场投放广告、选取产品订单的前提。市场开拓每年第四季度末可操作一次,中间可中断投资。以国内市场为例,第 1、2 年投资,第 3 年可以使用。

(16)ISO 投资。该操作只有每年第 4 季度才出现。点击主页面下方操作区中菜单"ISO 投资",弹出"ISO 投资"对话框(图 5-27)。勾选需要投资的 ISO 资质,点击确认即可。

ISO投资

选择项	名称	投资费用	投资时间	剩余时间
☐	ISO9000	1W/年	2年	-
☐	ISO14000	2W/年	2年	-

确认　　取消

图 5-27　ISO 投资

ISO 投资包括产品质量(ISO9000)认证投资和产品环保(ISO14000)认证投资。企业若想在订货会上选取带有 ISO 认证的订单,必须取得相应的 ISO 认证资格,否则不能选取该订单。ISO 投资每年进行一次,可中断投资,直至 ISO 投资完成。

(17)当季(年)结束。该操作在每年 1～3 季度末执行当季结束,第 4 季末执行当年结束。需要支付或更新的事项,确认无误后,点击确认即可,如图 5-28 所示。

当季结束	当年结束

是否进行当季结束？
- 支付行政管理费
- 厂房续租
- 检测"产品开发"完成情况

确认　取消

是否进行当年结束？
- 支付行政管理费
- 厂房续租
- 检测产品开发完成情况
- 检测新市场开拓完成情况
- 检测ISO资格认证投资完成情况
- 支付设备维护费
- 计提折旧
- 违约扣款

确认　取消

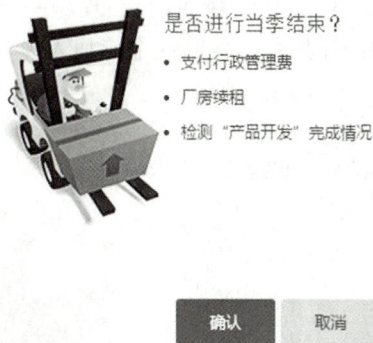

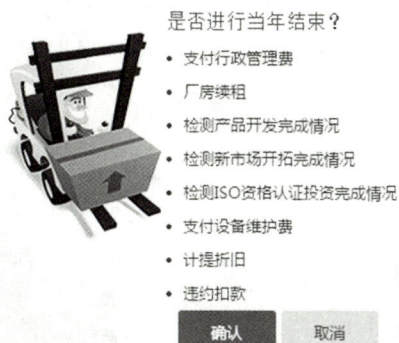

图 5-28　当季(年)结束

当季结束时，系统会自动支付行政管理费、厂房续租租金，检查产品开发完成情况。

当年结束时，系统会自动支付行政管理费、厂房续租租金，检测产品开发、ISO投资、市场开拓情况，自动支付设备维护费、计提当年折旧、扣除产品违约订单的罚款。

3. 年末运营操作

年末的运营主要是填写报表。点击主页面下方操作区中菜单"填写报表"，弹出"填写报表"对话框(图 5-29)。依次在综合费用表、利润表、资产负债表的编辑框内输入相应计算数值，可在教师端查看填写是否正确。

综合费用表

综合费用表　利润表　资产负债表

资产	期末	负债和所有者权益	期末
流动资产		**负债**	
现金	0 W	长期贷款	0 W
应收款	0 W	短期贷款	0 W
在制品	0 W	特别贷款	0 W
产成品	0 W	所得税	0 W
原料	0 W		
流动资产合计	0W	负债合计	0W
固定资产		**所有者权益**	
厂房	0 W	股东资本	0 W
机器设备	0 W	利润留存	0 W
在建工程	0 W	年度净利	0 W
固定资产合计	0W	所有者权益合计	0W
资产	0W	负债和所有者权益	0W

提交　关闭

图 5-29　填写报表

4.流程外运营操作

(1)贴现。此操作随时可进行,点击主页面下方操作区中菜单"贴现",弹出"贴现"对话框(图 5-30)。弹出框中显示可以贴现的应收款金额,选好贴现期,在贴现额一列输入要贴现的金额。点击确定,系统根据不同贴现期扣除不同贴息,将贴现金额加入现金。

剩余账期	应收款	贴现额
1季	0W	0 W
2季	0W	0 W
3季	0W	0 W
4季	280W	0 W

确认　　取消

图 5-30　贴现

贴现是指将提前收回未到期的应收款,因为该应收款并非正常到期收回,所以贴现时需支付相应的贴现利息。贴现利息=贴现金额×贴现率。1、2 期(即第 1、2 季)可以联合贴现;3、4 期(即第 3、4 季)同理。如 1 期贴 6W,2 期贴 8W,贴息为(6+8)×10%=1.4,向上取整,为 2W。

(2)紧急采购。该操作随时可进行(竞单时除外),点击主页面下方操作区中菜单"紧急采购",弹出"紧急采购"对话框(图 5-31)。显示当前企业的原料、现有库存以及价格,在订购量一列输入数值。点击确定即可。

紧急采购

原料	现有库存	价格	订购量
R1	0	2W	0
R2	0	2W	0
R3	0	2W	0
R4	0	2W	0

确认采购

产品	现有库存	价格	订购量
P1	0	6W	0
P2	0	9W	0
P3	0	12W	0
P4	0	15W	0

确认采购

图 5-31　紧急采购

原料不足时可以 2 倍(参数)原材料价格直接购买,直接到货,不需要按照原材料的采购流程和时间进行;产品不足时,可以该产品的直接成本的 3 倍(参数) 价格购买,直接到货,不需要按照原先的流程进行生产。

(3)出售库存。该操作随时可进行,点击主页面下方操作区中菜单"出售库存",弹出"出售库存"对话框(图 5-32)。显示当前企业的原料、库存数量以及销售价格,在出售数量一列输入数值。点击确定即可。

图 5-32 出售库存

企业一般只有在资金极度短缺时才会考虑出售库存。库存出售一般会在成本的基础上打折销售,出售价由教师/裁判在参数设置中设定。

(4)厂房贴现。该操作随时可进行,点击主页面下方操作区中菜单"厂房贴现",弹出"厂房贴现"对话框(图 5-33)。弹出框中显示可以贴现的厂房信息,选择某一条厂房,点击确定贴现。系统根据每类厂房出售价格贴现,如果有生产线扣除该厂房的租金,保证厂房继续经营。

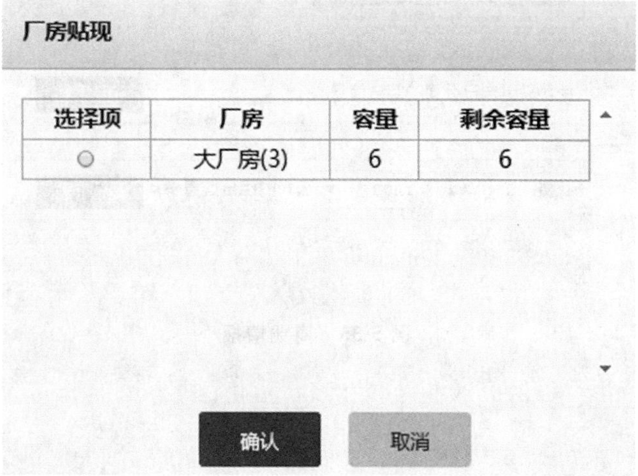

图 5-33 厂房贴现

如果无生产线,厂房原值售出后,售价按4季应收款全部贴现;如果有生产线,除按售价贴现外,还要再扣除租金;系统自动全部贴现,不允许部分贴现。

(5)订单信息查询。订单查询操作随时可进行,可以按年份排序,如图5-34所示。

订单信息

年份选择 所有年份 ▼

订单编号	市场	产品	数量	总价	状态	得单年份	交货期	账期	ISO	交货时间
58	区域	P2	3	218W	已交	第2年	3季	3季	-	第2年2季
26	本地	P3	3	268W	已交	第2年	3季	2季	-	第2年3季
23	本地	P3	2	174W	已交	第2年	3季	2季	-	第2年3季
34	本地	P3	4	351W	已交	第2年	4季	2季	-	第2年4季
102	本地	P3	4	334W	已交	第3年	3季	2季	-	第3年3季
151	区域	P3	3	255W	违约	第3年	4季	3季	9K	-
190	国内	P3	3	253W	已交	第3年	3季	2季	-	第3年3季
192	国内	P5	4	623W	已交	第3年	3季	4季	-	第3年2季
J007	区域	P3	2	130W	已交	第4年	1季	0季	9K	第4年1季
262	区域	P5	4	643W	已交	第4年	2季	3季	14K	第4年2季
285	国内	P5	2	319W	已交	第4年	2季	1季	9K	第4年2季
J013	亚洲	P5	2	240W	已交	第4年	4季	2季	-	第4年4季

图 5-34   订单信息

(6)商业情报。点击主页面下方操作区中菜单"商业情报",弹出"商业情报"对话框(图5-35)。确认下载即可。

商业情报

还没有生成三张报表的巡盘信息

还没有生成广告投放的巡盘信息

免费获得自己公司的综合信息   确认下载

花费 1 W获得 YA02 ▼ 公司的综合信息   确认下载

关闭

图 5-35   商业情报

此处可以查询本队信息,也可以购买对手信息。教师或竞赛裁判发布的公共信息也在此处下载。

创业者经验分享

稻盛和夫经典语录

在日本经济的发展过程当中曾经出现过"经营四圣",他们分别是松下公司的松下幸之助、索尼公司的盛田昭夫、本田公司的本田宗一郎,以及京瓷集团的稻盛和夫。稻盛和夫称得上是一位白手起家创业成功的传奇人物。稻盛和夫 27 岁时开始创业,赤手空拳 40 年间创办了两家世界 500 强企业——日本京瓷公司、日本 KDDI 公司。稻盛和夫 65 岁时从经营第一线引退,此后将心血倾注在"盛和塾"及"京都奖"等公益活动上。13 年后,在日本政府的再三恳请之下,稻盛和夫以 78 岁的高龄,在既无行业经验,又无专业技术的情况下,进入完全陌生的交通行业,零薪出任破产重建的日航董事长,并在上任半年之内奇迹般地将日航扭亏为盈。

稻盛和夫经典语录:

1.人生的道路都是由心来描绘的。所以,无论自己处于多么严酷的境遇之中,心头都不应为悲观的思想所萦绕。

2.专心致志于一行一业,不腻烦、不焦躁,埋头苦干,你的人生就会开出美丽的花,结出丰硕的果实。

3.当遇上难以克服的困难,认为"已经不行了"的时候,其实并不是终点,而恰恰是重新开始的起点。

4.利他!凡是事事为他人着想,换位思考,事情总会出奇的顺利,内心也平静和充实。

5.眼睛可以眺望高空,双脚却必须踏在地上。梦想、愿望再大,现实却是每天必须做好单纯、甚至枯燥的工作。

6.在建立目标时,要设定"超过自己能力之上的指标"。这是我的主张。要设定现在自己"不能胜任"的有难度的目标,"我要在未来某个时点实现这个目标",要下这样的决心。

7.那些让人惊奇的伟业,实际上,几乎都是极为普通的人兢兢业业、一步一步持续积累的结果。

8.进入守望的那一刻,就是企业衰退的开始。为了避免这种情况的发生,就必须不断向新事业进军并获取成功。

9.看看部下是否热爱工作,并把自己的活力灌输给他们,直到他们也有炽烈的热情为止——这就是领导者的首要任务。

10.做事 5 步法:沉醉你的梦想,激发出热情,撬动潜意识,冰冷的理性,周密的当下。

(作者根据网络相关资料整理而成。)

✎ 课后重点知识总结

（1）电子沙盘全年运营流程包含年度运营总流程、年初运营流程、每季度运营流程、年末运营流程和流程外运营流程。

（2）年初运营操作包括：年度规划会议，支付广告费、所得税及到期长贷本息，竞单、选单，长期贷款。

（3）每季度运营操作包括：当季开始，申请短贷，更新原料，购租厂房，新建生产线，在建生产线，生产线转产（继续转产），出售生产线，开始生产，应收款更新，按订单交货，厂房处理，产品研发，市场开拓，ISO 投资，当季（年）结束。

（4）年末运营操作主要指填写报表。

（5）流程外运营操作包括：贴现、紧急采购、出售库存、厂房贴现、订单信息查询、商业情报。

模块六　模拟企业战略分析

知识目标

1. 了解企业战略的概念。
2. 熟悉企业战略的特征。
3. 掌握模拟企业战略分析。

扫码看视频讲解

能力目标

1. 运用所学的知识制订模拟企业未来6～8年的发展战略。
2. 掌握集体决议的技巧。

思政目标

1. 提升全局意识。
2. 提高创业风险意识,并树立克服困难的信心。

知识导图

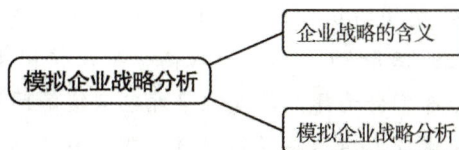

案例导入

组织如何走出混沌状态

在不确定性激增的商业世界,今天比以往任何一个时期都要复杂,这是每个人面对的事实。在这样一个混沌的商业背景下,以往稳定的组织结构已经无法适应此种变化的环境,从前运作有效的组织管理模式已经不再能够那么有效地运行了。每个企业组织都面临一个全新的现实,这个现实的特征就是:第一,组织不再是一个"封闭的系统"。第二,组织的经营环境不再是稳定的状态。第三,组织中不再存在明确的杠杆。所以组织管理要解决的就是在混沌状态下如何运行的问题。北京大学教授陈春花认为,应该关注以下几个层面的思考。

1. 管理者需要学会混沌的思维方式

混沌的思维方式是相对于稳定均衡的思维方式而言的，混沌的思维方式不是不关心计划与结果的吻合，而是更关心在目标实现的过程中，如何找到能够带来超乎寻常的结果。在混沌思维方式下，不是关注是否出现偏离均衡状态的行动，而是关注不断寻找改进的机会。例如，日本本田公司进入美国摩托车市场的时候，美国市场公认的消费习惯是"更大更奢华"，本田公司也是本着这个方向努力并制订了计划，但是没有成功；当本田公司偏离了这个计划，抓住了人们对小型车的兴趣点的时候，在 5 年之内，就主宰了美国摩托车市场。

2. 组织需要构建自己的弹性能力

弹性能力指的是不借助外力，能够自己加压、自我超越的能力。当中国海尔集团开启质量之路的时候，并没有停留在这个方向上，而是在合适的时机率先实行服务战略；而当服务给海尔集团带来强有力的竞争地位的时候，海尔集团又要求进入组织流程再造，之后进入全球化的努力。海尔集团的每一步改变，都抢在市场变化的前端，都能够在行业中领先一步，所以海尔总可以让自己处在不断竞争的地位并保持竞争优势。

3. 在组织内部打破均衡状态

混沌状态的思维方式是把发展过程理解为一种半稳定的临时状态跳跃到下一个半稳定的临时状态。所以在混沌状态的思维方式里，所有的发展都是时断时续的。组织需要打破自己的平衡来获得市场机会，管理者需要关注的是如何保证组织能够迅速地上升到新的变化空间，在时断时续的发展中，能够到持续的阶段而避开停顿的阶段。所以，组织内部需要不断地打破平衡，不能默许没有能力的人在岗位上，不能默许老朽的管理者在关键岗位上消磨时间直至退休，不能对市场上的技术采取观望的态度，不能放任服务水平下降而寻找借口，不能追求一团和气。

4. 实现组织学习

组织学习最根本的是要解决组织存在问题的本身，而不是对这些问题产生的后果作出反应。例如，一家印刷企业在 8～9 月总是进入高峰期而使得生产无法满足市场要求。如果单从学习的角度来说，人们会选择加班或订单外包来缓解问题，所以提高工人的熟练程度、强化外包工作的管理就成为组织学习的内容。但是这并没有解决高峰期和低谷期的问题。如果是真正的组织学习，应该分析产生生产高峰的根本原因，是订单的问题还是计划性好坏的问题，是产品结构的问题还是客户结构的问题，是市场区域的问题还是销售政策的问题，分析这些事件背后的原因才是真正的组织学习。

（陈春花：《组织如何走出混沌状态》，《销售与市场》2019 年 10 月，第 18—21 页，有改动。）

思考：

1. 现代组织面临的现实有哪些特征？

2. 现代组织该如何走出混沌的状态？

3. 当在沙盘模拟经营中企业陷入困境时，该如何组织团队进行突围？

一、企业战略的含义

(一)企业战略的概念

企业战略是指企业根据环境的变化、本身的资源和实力选择适合的经营领域和产品，形成自己的核心竞争力，并通过差异化在竞争中取胜。随着世界经济全球化和一体化进程的加快，国际竞争的加剧，公司经营对企业战略的要求越来越高。

(二)企业战略的特征

随着经济的发展，战略思想越来越广泛地运用到经营管理中，产生了企业战略这一概念。概括来说，企业战略具有如下特征。

1. 指导性

企业战略界定了企业的经营方向、远景目标，明确了企业的经营方针和行动指南，并筹划了实现目标的发展轨迹及指导性的措施、对策，在企业经营管理活动中起着导向的作用。

2. 全局性

企业战略立足于未来，通过对国际、国内的政治、经济、文化及行业等经营环境的深入分析，结合自身资源，站在系统管理高度，对企业的远景发展轨迹进行了全面的规划。

3. 长远性

"人无远虑、必有近忧。"首先，兼顾短期利益，企业战略着眼于长期生存和长远发展的思考，确立了远景目标，并谋划了实现远景目标的发展轨迹及宏观管理的措施、对策。其次，围绕远景目标，企业战略必须经历一个持续、长远的奋斗过程，除根据市场变化进行必要的调整外，制订的战略通常不能朝令夕改，而应具有长效的稳定性。

4. 竞争性

竞争是市场经济不可回避的现实，也正是因为有了竞争才确立了"战略"在经营管理中的主导地位。面对竞争，企业战略需要进行内外环境分析，明确自身的资源优势，通过设计适宜的经营模式，形成特色经营，增强企业的对抗性和战斗力，推动企业长远、健康地发展。

5. 系统性

立足长远发展，企业战略确立了远景目标，并需围绕远景目标设立阶段目标及各阶段目标实现的经营策略，以构成一个环环相扣的战略目标体系。同时，根据组织关系，企业战略需由决策层战略、事业单位战略、职能部门战略三个层级构成一体。决策层战略是企业总体的指导性战略，决定企业经营方针、投资规模、经营方向和远景目标等战略要素，是战略的核心。本书讲解的企业战略主要属于决策层战略。事业单位战略是企业独立核算经营单位或相对独立的经营单位，遵照决策层的战略指导思想，通过竞争环境分析，侧重市场与产品，对自身生存和发展轨迹进行的长远谋划。职能部门战略是企业各职能部门，遵照决策层的战略指导思想，结合事业单位战略，侧重分工协作，对本部门的长远目标、资源调配等战略支持保障体系进行的总体性谋划,比如,策划部战略、采购部战略等。

6.风险性

企业做出任何一项决策都存在风险,战略决策也不例外。市场研究深入,行业发展趋势预测准确,设立的远景目标客观,各战略阶段人、财、物等资源调配得当,战略形态选择科学,制订的战略就能引导企业健康、快速地发展。反之,仅凭个人主观判断市场,设立目标过于理想或对行业的发展趋势预测偏差,制订的战略就会产生管理误导,甚至给企业带来破产的风险。

📷 案例分享

安踏:在对的时间点上,作出对的战略决策

2021年3月24日,安踏体育发布的财报显示,安踏集团营收已连续7年增长,2020年营收同比上涨4.7%,达到355亿元,增速领跑同行业市场,经营利润上升5.3%,达到91.5亿元,公司净利润突破50亿元,达到51.62亿元。

《易经》说:“大人虎变,君子豹变,小人革面。”安踏是一家很擅长“豹变”的公司,它总是有着高度清晰的战略规划,该行动的时候就像豹子一般果断出击,绝不含糊。

回看安踏的发展史,无论是1999年斥资80万元签下孔令辉作为代言人;还是2000年投入了几乎所有的资金,借助悉尼奥运会在中央电视台打“安踏”广告;抑或是2007年赴港上市……在公司发展的每个关键节点,安踏都能做到顺势而为,作出在当时不被看好却最终被证明是正确的关键性战略决策。安踏最为人知的一次“豹变”,是在2009年作出收购百年意大利品牌FILA(斐乐)在中国商标的使用权和专营权的决定。这也是成就今天安踏集团跻身全球体育鞋服行业第一梯队的得力助推器。

而现在,安踏集团坚持“单聚焦、多品牌、全渠道”战略路线,以安踏和FILA(斐乐)为两个主品牌,多品牌差异化布局,实现对消费者全覆盖和渠道全覆盖的战略格局。由此,安踏集团夯实了三条增长曲线:第一,以安踏为代表,定位为科技引领“大众专业运动”的创新增长曲线;第二,以FILA(斐乐)为代表,引领行业增长的高品质高速度增长曲线;第三,以DESCENTE(迪桑特)、KOLON SPORT(可隆体育)为代表,专注高端消费需求的高潜力增长曲线。

三条增长曲线帮助安踏集团打造了多品牌矩阵式的发展态势,助力安踏体育从一、二线城市到下沉市场广度覆盖,形成强大品牌合力,也在不同的运动场景中全方位地满足消费者需求,并形成独特的集团化竞争优势。

(沈帅波:《超越李宁,直逼耐克、阿迪,安踏做对了什么?》,《销售与市场》2021年5月,第68页,有改动。)

二、模拟企业战略分析

所谓企业战略分析,其实质在于通过对企业所在行业或企业拟进入行业的分析,明确企业自身地位及应采取的竞争策略,以权衡收益与风险,了解与掌握企业的发展潜力,特别是在企业价值创造或盈利方面的潜力,主要包括行业分析与竞争策略分析两个方面。对于ERP沙盘模拟企业经营而言,各经营团队都进入相同的行业,所以CEO领导下的团

队如何选择竞争策略成为成功的关键。重要的竞争策略主要包括低成本竞争策略和产品差异策略。

两种策略的不同,直接决定企业产品的毛利空间,而企业毛利空间的不同,直接决定了企业在营销、筹资、市场开发上投入空间的大小,毛利的概念与本量利分析中的边际贡献概念相近,但并不完全一致。

$$产品毛利＝产品价格－产品直接成本产品$$
$$毛利率＝产品毛利/产品价格$$

在 ERP 沙盘模拟企业经营中,各经营团队将面临本地、区域、国内、亚洲、国际 5 个市场环境,这 5 个市场环境对 4 个 P 系列产品(P1、P2、P3、P4)在不同阶段的价格和市场需求量是不同的。为此,企业在制订本企业的市场开发战略时,应当结合企业的产品策略进行考虑。比如,企业重点生产的产品是 P4,如果 P4 产品的需求量主要集中在区域、国内和亚洲市场,国际市场需求很小,那么,企业就必须回避国际市场,重点占领区域、国内和亚洲市场。

传统的竞争策略分析认为,低成本竞争策略和产品差异策略是互相排斥的,所以处于两种策略中间的企业是危险的。在经营过程中,很多经营团队在经营之初同时申请 ISO9000 及 ISO14000 两项认证,后期却仍然以 P 系列低端产品为主要产品,造成了认证成本及资格维护成本的浪费,影响了企业利润。同时,在低成本策略指导下某些经营团队的企业经营难以维持,被迫拟实行产品差异战略,但是认证又需要周期,导致企业陷入了产品转型的困境。

通过毛利率分析,团队应该清醒地认识到,企业必须及早确定竞争战略,并能根据竞争对手的策略、市场环境的变化进行调整,在 CEO 的带领下将竞争策略渗透到企业的经营过程。各经营团队也可在经营结束后,回顾对企业战略的把握,分析得失。

任何一个企业都不可避免地会面临竞争的问题。要发展,就必须面对竞争。那么如何应对竞争,制订相应的竞争策略呢? 针对 ERP 沙盘模拟企业经营实训课程的实际,这里采用两种方法分析企业的竞争战略。

企业 ERP 沙盘模拟中,每个企业的 CEO 在经营活动开始之前,都应组织全体管理人员对外部环境、内部环境进行细致、深入的分析研究,结合自己的资源优势,制订出企业的战略,指导模拟企业 6～8 年的生产经营活动,具体内容包括如下内容。

(1)确定企业的战略目标。主要明确企业在 6～8 年的经营活动中要成为什么样的公司,生产什么产品,多大的规模(几条生产线、年产量多大),要成为市场的领导者还是市场的追随者。

(2)确定企业的经营方向。在战略目标的基础上,目前企业仅在本地市场生产销售 P1 产品,还要从长远考虑 P2、P3、P4 产品是否研发,以及研发、生产的时间表;产品组合策略的制订;区域市场、国内市场、亚洲市场和国际市场是否开拓,以及开拓的时间表;相关 ISO 是否认证,以及认证的时间表,以便为企业生产经营活动明确界限。

(3)经营策略制订。在战略目标、经营方向确定的基础上,为保证战略目标的实现,应该对企业的经营重点、资源分配做出规划,主要体现在:制订营销策略,制订厂房、设备等固定资产的更新、购置策略,制订融资策略等方面。

(4)战略调整。企业每年经营结束时,应该根据环境的变化、竞争对手的情况,结合自己的资源优势,对战略进行微调。如企业利润不足,权益不高,应分析是成本过高还是销售不够。若属于成本问题,可从生产效率、资金成本、市场投入等方面进行分析,做出调整;若属于销售问题,则应从行业、市场定位、竞争能力等方面进行调整,以保证战略目标的实现。

创业者经验分享

创业要敢于尝试、勇于坚持

据"新京报"报道,百度公司 CEO 李彦宏在谈到自己创业 18 年的工作经验时说:"中国改革开放这 40 年来,一直有一个很好的理念,叫作先行先试,这就是一个创新的理念。百度很幸运,赶上了一个好时期,顺应了这种趋势。"

李彦宏表示,机会对每个人来说都是平等的,就看自己能不能在机会来临时紧抓不放。这个过程中重要的是相信自己,找到自己擅长的、喜欢的、最适合的。创业路上的那些坎坷、艰难,是难以避免的,如果没有坚定的信念是很容易放弃的。大多数人都是因为自己没有坚持下来,最后失败了。

李彦宏还认为,现在有很多的年轻人立志创业,他们有勇气、有激情,这非常好。任何的创新、创业都不是一帆风顺的,都要经历挫折和磨炼。只要能够做到"认准了,就去做,不跟风,不动摇",相信未来,他们一定会取得成功。

(作者根据网络相关资料整理而成。)

课后重点知识总结

(1)企业战略是指企业根据环境的变化、本身的资源和实力选择适合的经营领域和产品,形成自己的核心竞争力,并通过差异化在竞争中取胜。

(2)企业战略具有如下特征:指导性、全局性、长远性、竞争性、系统性和风险性。

(3)所谓企业战略分析,其实质在于通过对企业所在行业或企业拟进入行业的分析,明确企业自身地位及应采取的竞争策略,以权衡收益与风险,了解与掌握企业的发展潜力,特别是在企业价值创造或盈利方面的潜力,主要包括行业分析与竞争策略分析两个方面。

模块七　模拟企业营销管理分析

知识目标

1. 了解市场预测的概念。
2. 熟悉 P1、P2、P3、P4 四种产品的市场需求趋势。
3. 熟悉企业下一年的产量、供给量情况。
4. 熟悉广告投单规则。
5. 了解市场占有率分析方法。
6. 熟悉产品组合策略。

能力目标

1. 学会根据现有资料进行市场趋势预测。
2. 学会准确预测下一年的产量和供给量。
3. 能合理地进行广告投单。
4. 能正确制定产品组合策略。

思政目标

提高竞争意识和全局谋划意识。

知识导图

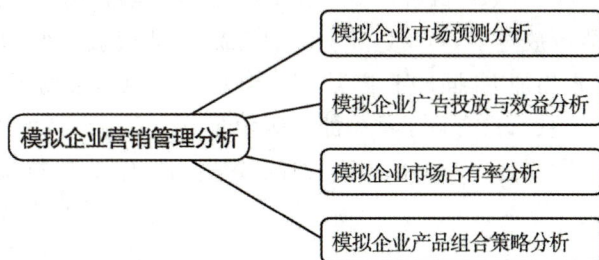

案例导入

任正非:企业业务要聚焦战略重点做减法

2021 年 1 月初,华为创始人任正非曾在华为企业业务及云业务汇报会上就"企业业务聚集"问题发言,他主要表达了七点核心内容,尤其指出"企业业务要聚焦战略重点,继续做减法,坚持有所为、有所不为。因为我们是力量有限的公司,确定要做的项目就一定要做好、做精。我们要抓住一点,标准化的梯次推进,逐渐走向做厚、做多、做强。要抓住自己能做的领域,将'兵力'扑上去,扎扎实实做好,才可能真正找到比别人更好的方案"。他认为,华为原来所确定的四个行业,不要再增加扩大作战面,把战略打散便失去了战斗力。

任正非认为,队伍建设要明确强调,立足于连接,立足于华为云,但要知晓服务对象的工业,要知晓服务对象的 Know-How,然后在算法上和别人合作。我们要做自己能做的事,不要去包打天下,把别人的活给做了,做得很粗糙,也做不好,最后我们就没有战斗力和竞争力。

任正非认为作战模型也很重要。要讲清楚作战的战略方针,要讲过河的"船"和"桥",不能"口号治企"。领袖要有架构性思维,领袖的责任是讲明方向、发现问题。比如,部门成长架构是什么,业务成长的架构是什么? 哪些事是你一定要做好,做到什么程度? 领袖要结构性地思考问题,能看见主要矛盾的主要方面。

(作者根据网络相关资料整理而成。)

思考:

1. 企业业务聚焦有何利弊?

2. 任正非的发言对企业沙盘模拟经营战略选择有何启发?

一、模拟企业市场预测分析

(一)市场预测概念

市场预测是运用预测的科学原理与手段,对市场交换活动及其影响因素的未来发展状况及变化趋势做出估计与测算。市场预测是市场营销活动中不可缺少的环节,其预测结果的准确性将对企业经营决策的成败起到至关重要的作用。在 ERP 沙盘实训中,广告是促成销售的唯一手段,我们需要完成 6～8 年的经营活动,整个商品销售市场分别按地域和产品进行细分,分为本地市场、区域市场、国内市场、亚洲市场和国际市场,而在每个市场中又分别有 P1、P2、P3、P4 四种产品。在市场细分的基础上,广告的投放必须以科学的预测为依据。广告投放过多,容易造成资金的浪费;广告投放过少,不能有效获得订单,造成产品积压,资金占用加大,同样不能获取期望收益。可见,市场预测是提高企业预见性和市场适应能力的关键,只有科学准确的预测才能为企业制订合理的战略目标,为科学决策奠定基础。市场预测是企业内部加强管理、调整战略规划、保持动态平衡、增强市场竞争力的第一步。

(二)市场预测分析

1. 市场趋势预测

市场预测是各企业能够得到的关于产品市场需求的唯一可以参考的有价值的信息,对市场预测的分析与企业的营销策划息息相关。市场预测发布了近几年关于行业产品市场的预测资料,包括各市场、各产品的总需求量、价格情况,客户关于技术及产品的质量要求等。

　　根据对 P 产品系列未来 6 年在本地、区域、国内、亚洲、国际等市场的需求预测分析报告来看,P1 产品是目前市场上的主流技术产品,P2 作为对 P1 的技术改良产品,也比较容易获得大众的认同。P3 和 P4 产品作为 P 系列产品里的高端技术产品,各个市场上对它们的认同度不尽相同,需求量与价格也会有较大的差异。

　　下面是对各个市场中 P 系列产品的市场需求量趋势和价格趋势的预测与分析。

　　(1)本地市场。根据本地市场 P 系列产品的预测情况(图 7-1),本地市场将会持续发展,客户对低端产品的需求可能会减少。伴随着需求的减少,低端产品的价格很有可能会逐步走低。后几年,随着高端产品的成熟,市场对 P3、P4 产品的需求将会逐渐增大。同时随着时间的推移,客户的质量意识将不断提高,后几年可能会对企业是否通过了 ISO9000认证和 ISO14000 认证有更多的要求。

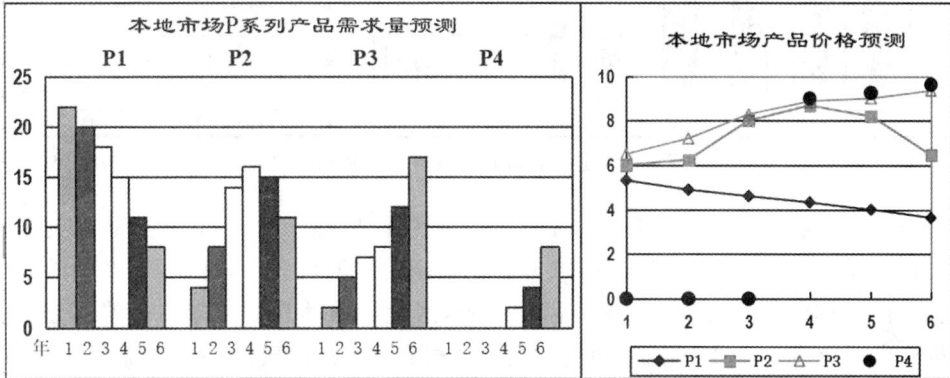

图 7-1　本地市场 P 系列产品的预测情况

　　注:上图中左侧图纵坐标表示产品的需求量(个数)、横坐标每组柱状体表示 P 系列产品在六年中的每一年。右侧图纵坐标表示价格,横坐标表示年份。以下各图同。

　　(2)区域市场。根据区域市场 P 系列产品的预测情况(图 7-2),区域市场的客户对 P系列产品的喜好相对稳定,因此市场需求量的波动也很有可能会比较平稳。因其紧邻本地市场,所以产品需求量的走势可能与本地市场相似,价格趋势也应大致一样。该市场的客户比较乐于接受新的事物,因此对高端产品也会比较有兴趣,但由于受到地域的限制,该市场的需求总量非常有限。并且这个市场上的客户相对比较挑剔,因此在后几年客户会对企业是否通过了 ISO9000 认证和 ISO14000 认证有较高的要求。

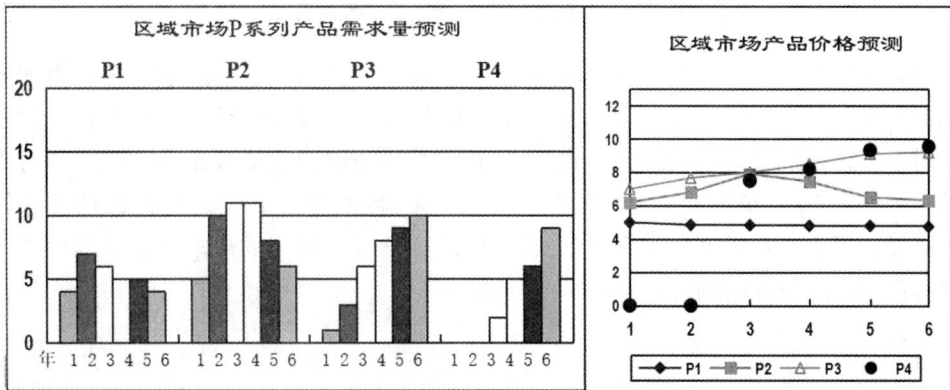

图 7-2　区域市场 P 系列产品的预测情况

（3）国内市场。根据国内市场 P 系列产品的预测情况（图 7-3），因 P1 产品带有较浓的地域色彩，估计国内市场对 P1 产品不会有持久的需求。但 P2 产品因为更适合于国内市场，所以估计需求会一直比较平稳。随着对 P 系列产品新技术的逐渐认同，估计对 P3 产品的需求会发展较快，但这个市场上的客户对 P4 产品却并不是那么认同。当然，对于高端产品来说，客户一定会更注重产品的质量保证。

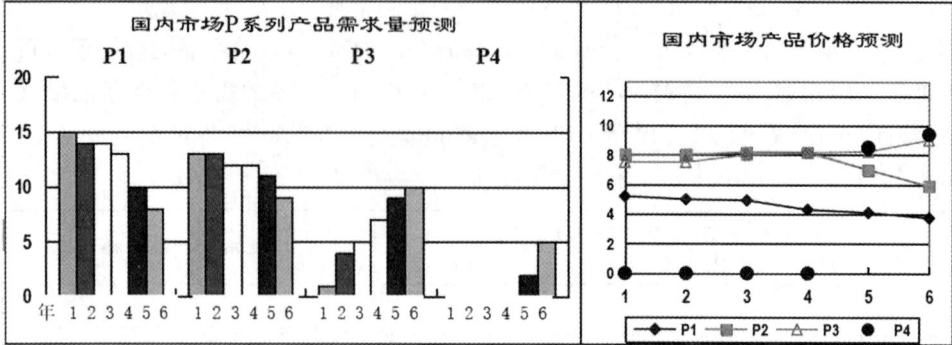

图 7-3　国内市场 P 系列产品的预测情况

（4）亚洲市场。根据亚洲市场 P 系列产品的预测情况（图 7-4），这个市场上的客户喜好一向波动较大，不易把握，所以对 P1 产品的需求可能起伏较大，估计 P2 产品的需求走势也会与 P1 相似。但该市场对新产品很敏感，因此估计对 P3、P4 产品的需求会发展较快，价格也可能不菲。另外，这个市场的消费者很看重产品的质量，所以在后几年里，如果企业没有通过 ISO9000 和 ISO14000 的认证，其产品可能很难销售。

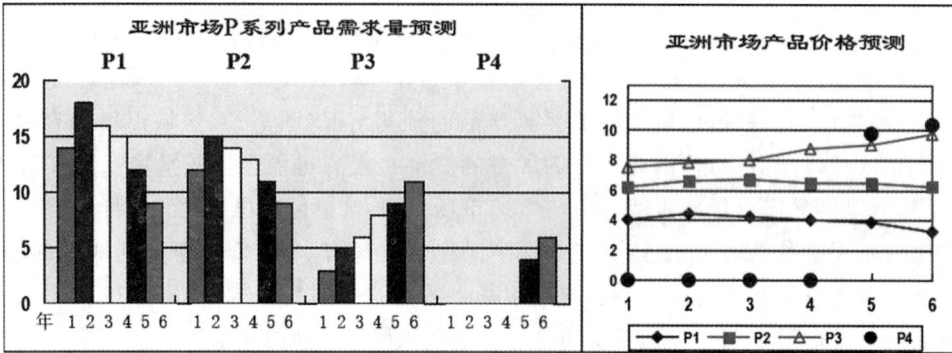

图 7-4　亚洲市场 P 系列产品的预测情况

（5）国际市场。进入国际市场可能需要一个较长的时期。根据国际市场 P 系列产品的预测情况（图 7-5），目前这一市场上的客户对 P1 产品已经有所认同，需求也会比较旺盛。对于 P2 产品，客户将会谨慎地接受，但仍需要一段时间才能被市场所接受。对于新兴的技术产品，这一市场上的客户将会以观望为主，因此对于 P3 和 P4 产品的需求将会发展极慢。因为产品需求主要集中在低端，所以客户对于 ISO 的要求并不如其他几个市场那么高，但也不排除在后期会有这方面的需求。

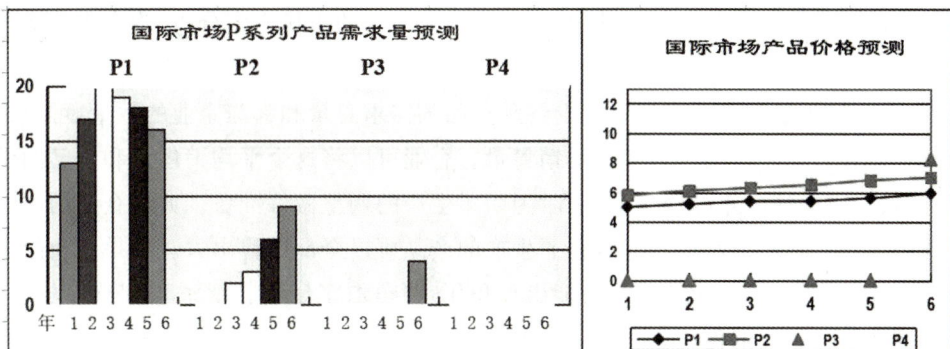

图 7-5 国际市场 P 系列产品的预测情况

2. 市场需求、供给、销售预测

在企业 ERP 沙盘模拟中,广告是促进销售的唯一因素,要合理进行广告投放必须做好销售预测工作。预测工作包括下一年各个市场上各种产品的需求量预测,企业下一年的产量、供给量预测,竞争对手的产量、供给量预测,企业销售量预测等几个方面。

(1)下一年各个市场上各种产品的需求量预测。将市场预测柱状图打开,仔细计算分析每个市场上各种产品的需求数量,预测可能出现的订单数量和订单张数。以第三年本地市场的 P2 产品为例,我们要分析这 14 个产品可能出现有几张订单(比如,预测可能有 7 张或者 8 张),每张订单上可能有几个产品(比如,3 个产品的订单可能有 1 张,2 个产品的订单可能有 5 张等),这对后续企业的广告投放起到关键的作用,也就是要初步估算出这个市场上的竞争程度和预计能否在这个市场上拿到订单。因为在具体拿单过程中,除了广告投放,还须看企业的产能、产品组合、市场组合等综合因素。

(2)企业下一年的产量、供给量预测。根据企业的生产线情况预测下一年的产量,当中若使用了柔性设备,生产能力便出现弹性,注意弹性产量的组合计算以便为拿订单做好准备。具体操作时最好计算出各种产品产量的最大、最小区间值,在产量计算的基础上加上企业目前该产品的库存数,即为该产品的可供销售的数量区间。在投放广告拿订单的过程中,应注意所拿的数量总额不能超出各种产品可供销售数量区间的最大值,否则将无法交货,造成违约。比如,企业库存有 2 个 P2,当年第四季度 2 条全自动线上有 2 个 P2,下一年 2 条全自动线均满负荷生产 P2,此时企业还拥有 1 条柔性生产线。按上述假设我们进行一个计算:当年第四季度 2 条全自动线上有 2 个 P2 在下一年一季度下线,下一年 2 条全自动线均满负荷生产 P2,下一年将有 6 个 P2 下线,这样明年至少就有 8 个 P2 产品的产能。若企业拥有的 1 条柔性生产线也进行 P2 产品的生产,则下一年柔性生产线上还能产出 3 个 P2 产品。由此可见,P2 产品的产能区间为 8～11 个,由于有 2 个库存,P2 产品的可供销售数量区间为 10～13 个,也就是我们拿订单最多不能超出 13 个,否则无法按时交货。

(3)竞争对手的产量、供给量预测。所谓"知己知彼,百战百胜",商场如战场,要做到游刃有余,必须对自己的竞争对手进行深入细致的研究。在沙盘中,应该对上一年各竞争对手拿单的情况进行统计,分析其可能拥有的生产线情况,推测竞争对手今年的产量,从而估测出今年市场上各种产品大致的供给量,结合前面的市场需求分析,为广告分配与选单做好准备。

（4）企业销售量预测。根据市场上各种产品的需求总量和参与企业的数量,可以推算出每个企业各种产品可以获得的平均销售量。企业可以将这个平均销售量和自己的供给量进行对比,以预测今年的销售量,同时为明年生产的调整做好准备。如果企业的供给量和平均销售量差不多,就可以认为,企业生产的产品可以全部销售出去。如果企业的供给量大于平均销售量,则企业的产品可能出现积压,要争取多销售就要适当调整广告方案,争取选到数量比较大的订单。

二、模拟企业广告投放与效益分析

实现收入是企业获取利润的关键,也是最后权益实现的关键,这将影响到模拟企业最后的经营成绩。因此,企业要开源节流,获得市场订单,最大限度地将企业生产的产品销售出去。在企业 ERP 沙盘模拟中,广告是促进销售的唯一因素。因此,广告投放和具体分配是关系到企业市场份额的重要决策。广告投放不当,企业将无法获得满意的订单,收入下滑,产品积压,经营将面临困境,甚至是破产。在具体方案制订过程中,由于不同企业方案迥异,会带来市场竞争的不确定性,即广告方案之间存在博弈,这正是沙盘的魅力所在。没有最好的方案,只存在不同方案之间博弈的最佳。在企业市场预测的基础上,我们应该将企业的广告预算进行合理分配,力争以最小的投入拿到自己期望的订单,提高企业的广告效益。

(一)广告投放

在市场分析的基础上,广告投放必须分市场、分产品进行。理论上讲,广告投放越多,选单的机会就越多。由于企业的资金是有限的,因此,企业在制订广告方案和进行广告投放过程中,应注重下列几个方面,以提高广告投放的效益。

（1）明确下一年企业的销售额,对每种产品在各个市场上的需求量、供给量进行预测,尽量收集与广告方案制订有关的数据,使广告方案的制订建立在科学预测的基础之上。

（2）财务总监计算现金流,提供可用于投放广告的资金预算数额,以保证企业广告投放活动的顺利进行。

（3）广告费用的具体分配,一般可以这样操作:如果企业用于投放广告的资金充足,应该考虑在市场需求量大、价格高的市场上多投放一些广告费,力争能在这些市场上获得优先选单的机会,这样产品销售的收入就相对较高。当然,决策是个博弈的过程,如果每个公司都这样做,那么就会加剧市场竞争,公司在进行广告费用投放后未必会收到期望的广告投放效果。因此,在广告费用数额分配的时候,还需对竞争对手的投放进行预测,根据自己的销售量进行合理组合,以求提高广告效益。在实际操作中,虽然有些产品的市场需求量少、价格低,但是若能以较低的广告成本获取订单,广告效益依旧会比较高。可见,广告费用的分配也是竞争对手之间相互研究心理、猜测心理的一个复杂环节。不同的人、不同的年度、不同的方案,广告费用的分配也不尽相同,其广告效益也不尽相同,没有一个所谓标准的方案。我们的分配目标只有一个,就是以合理的广告投放,在企业的销售量范围内,尽可能获取数量大、价格高的订单,实现较高的销售收入。

(4)广告投放是竞争对手之间斗智斗勇的过程。由于各个市场上产品的数量是有限的,因此,并不是企业投放广告就一定能够得到订单。如果订单少,没能达到期望目标,那么企业的经营过程就应格外谨慎。由于收入未按计划实现,企业的所有经营、开发环节都会受到资金的影响。在决策中应根据订单的实际情况调整生产、开发,不能盲目,以防止资金链断裂致使企业破产。相反,如果某种产品的订单超出预期,企业应该合理发挥生产线的弹性作用,对各种产品的产能做出微调,以保证按时供货。

(5)尽快提交制订的广告方案,为同等投入情况下优先选单创造条件。

(二)竞单

选单前,企业应明确各种产品可供销售的数量区间。在可选范围内,一般选择数量大、销售价格高、销售金额大的订单,以保证销售目标的达成,在具体操作上应该注意以下问题。

(1)加急订单是一季度必须交货的订单,一般价格相对较高。拿加急订单应该考虑一季度产品下线情况和库存情况,否则造成延期交货将受到违约处罚。

(2)订单的账期是指交货后具体的收款时间。0账期表示现销,产品发出即可收到现金,以补充现金流;1账期表示赊销,产品发出后一个季度才能收款,并以此类推。选单过程中,企业应该根据自己现金流的实际情况做出合理的账期选择。若现金不足,应考虑选择相对短的账期。虽然账期短、价格低,但是应收账款的占用时间也相对缩短,这样可以避免贴现,少支付贴现利息。

(3)在选单过程中,由于企业生产的产品不可能在一张订单上就全部销售出去,因此要考虑产品、数量的组合问题。

(三)广告效益分析

在模拟企业的经营过程中,并不是广告投入越高,利润就越高,广告投入必须权衡企业的现金、产能、市场竞争等复杂因素。广告费用是企业的一项支出,要实现股东权益最大化,就得考虑广告的效益,一般可用投入产出比来分析不同企业广告效益的高低。

广告投入产出比=订单销售额/广告投入

通过广告投入产出比分析,可以知道企业每个 M 的广告费用支出可以带来几个 M 的销售收入,比值越高,说明企业的广告效益就越好。营销总监应该重视这一指标的分析,深入研究市场、研究竞争对手,找到节约成本、策略制胜的营销突破口,将广告投放和企业的生产能力、利润率联系起来,理性地进行广告投入,做到既起到充分宣传的作用,又不造成资金的浪费,提高企业的广告效益,实现企业价值最大化。

如图 7-6 所示,是各组广告效益(汇总)分析。

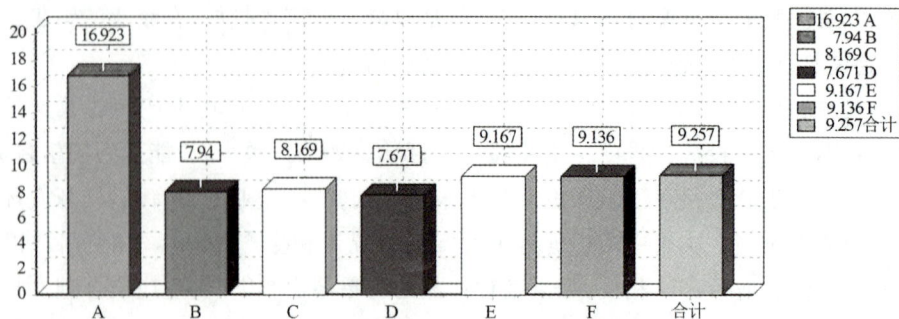

图 7-6　各组广告效益(汇总)分析

经过 6 年广告效益汇总分析比较可以看出:在 6 年的生产经营中,A 企业平均每投入 1 个 M 广告费,就拿到了 16.923M 的订单,广告投入产出比远胜过其他竞争对手,是广告效益最好的企业。而 D 企业平均每投入 1 个 M 广告费,只拿到了 7.671M 的订单,在 6 个竞争企业中是广告效益最差的企业。

三、模拟企业市场占有率分析

(一)市场占有率

市场占有率是在市场容量一定的情况下,企业的销售在行业总销售中所占的比例,也称为市场份额,一般可以用下列公式来进行表示。

某企业的综合的市场占有率＝该企业在市场上全部产品的销售数量(销售额)/
行业所有企业在市场上全部产品的销售数量(销售额)
某产品的市场占有率＝该企业在市场上某种产品的销售数量(销售额)/
行业所有企业在市场上该种产品的销售数量(销售额)
相对市场上 3 个最大竞争者的市场占有率＝企业在市场上全部产品的销售数量
(销售额)/市场上 3 个最大竞争者在市场上全部产品的销售数量(销售额)

通过对相对市场上 3 个最大竞争者的市场占有率指标的计算,可以看出企业在市场上的强、弱势。通常市场占有率超过 33％的企业在市场竞争中处于强势地位。

相对市场领导竞争者的市场占有率＝企业在市场上全部产品的销售数量
(销售额)/市场领导竞争者在市场上全部产品的销售数量(销售额)

相对市场领导竞争者的市场占有率指标用来分析以最大竞争者为目标的竞争超越型企业,指标超过 100％,表示企业取代原有企业成为新的市场领导者;指标等于 100％表示企业和原有企业一同成为市场领导者;指标小于但接近 100％表示企业接近市场领导者的水平,与市场领导者的差距在缩小。

市场占有率反映了企业的市场经营比重状况,是企业参与市场竞争份额的一种体现,是微观经济和宏观经济的综合比较分析的结果。通过市场占有率分析,可以衡量企业现有资源的利用情况,分析企业生产经营发展的潜力,是对企业生产管理水平高低的衡量。更重要的是,通过分析、预测企业市场占有率的发展趋势和影响因素,可以明确企业的市场定位,根据市场和竞争对手的实际情况主动地对各种影响因素进行调节,以保持企业的市场竞争优势。市场占有率的分析可以剔除单一环境因素变化的影响,若市场占有率提高表明企业较竞争对手更具市场份额优势,若市场占有率降低则表明企业较竞争对手业绩下降。

(二)市场占有率分析

企业的市场占有率指标可以用销售量计算,也可以用销售额计算。用销售量计算体现了企业在市场上产品销售的能力,用销售额计算体现了企业获取收入、实现利润的能力。在具体分析上可以按如下方法进行。

(1)将同一年度各企业市场占有率的数据进行横向对比分析,确定本年度企业的市场定位,并根据对比数据为下一年广告投放、生产经营奠定基础。如图 7-7 所示。

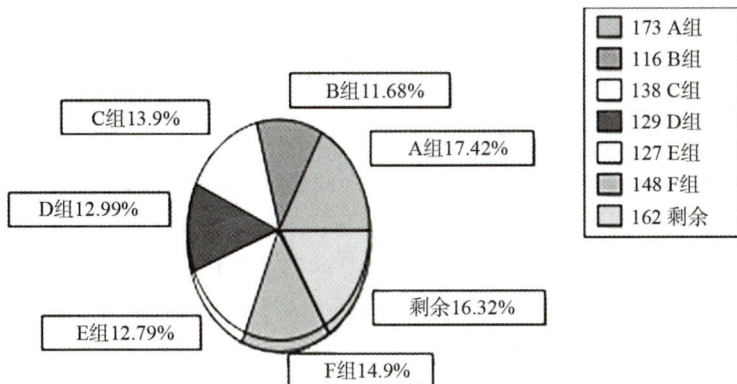

图 7-7 第五年各组占据市场份额分析

各组的市场份额由所拿到订单在总销售收入中的占比情况决定。在第五年的市场竞单过程中,A 企业一共拿到 173M 的市场销售收入,占当年市场份额的 17.42%,处于市场领导者的地位。F 企业一共拿到 148M 的市场销售收入,占当年市场份额的 14.9%,市场排名处于第二的位置。依次类推,B 企业一共拿到 116M 的市场销售收入,占当年市场份额的 11.68%,市场排名处于第六的位置。以上分析结果对 A 企业来说应该保持市场占有率的优势,对 B 企业而言应该看到自己在市场占有率上的差距,改进营销策略,以实现市场份额的转变。

(2)将同一企业不同年度的市场占有率数据进行纵向对比分析,研究企业各年市场占有率的变化,是企业成长历程的反映。图 7-8 为第六年各组占据市场份额分析。

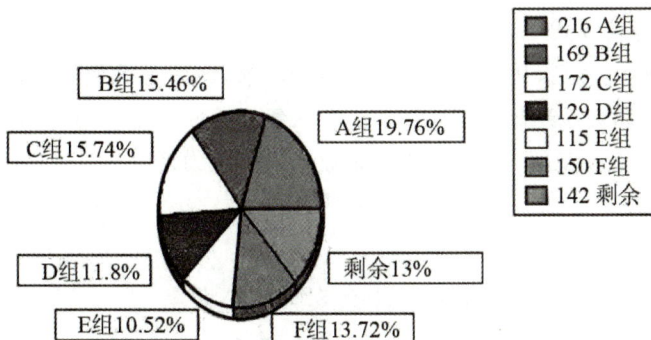

图 7-8 第六年各组占据市场份额分析

在第五年的市场竞单过程中,A 企业一共拿到 173M 的市场销售收入,占当年市场份额的 17.42%,处于市场领导者的地位。第六年的市场竞单过程中,A 企业一共拿到 216M 的市场销售收入,占当年市场份额的 19.76%,仍旧处于市场领导者的地位,市场占有率的优势明显。同时,再看在第五年的市场竞单过程中,B 企业一共拿到 116M 的市场销售收入,占当年市场份额的 11.68%,市场排名处于第六的位置,而第六年的市场竞单过程中,B 企业一共拿到 169M 的市场销售收入,占当年市场份额的 15.46%,市场排名上升到第三的位置,可见 B 企业在第六年市场营销策略的调整是适当的、成功的,市场占有率相对第五年明显改善。

四、模拟企业产品组合策略分析

(一)模拟企业单一产品分析

在市场预测中可以看出模拟企业可供生产销售的产品一共有四种,分别是 P1、P2、P3、P4 产品,结合本地市场、区域市场、国内市场、亚洲市场和国际市场的价格与需求,各种产品之间存在差异。因此,研究分析每种产品的特征就成为产品组合策略制订的前提。

(1)P1 产品技术水平低,是目前市场的主流产品,产品需求近几年旺盛,随后呈现下滑趋势。P2、P3、P4 产品是新产品,P2、P3 产品第二年开始有订单,P4 产品第五年才有订单。作为新产品,P2、P3、P4 产品上市后需求量是缓慢上升的,且存在产品研发、投产成本,新产品上市不可能立即为企业带来效益。由此可见,P1 产品虽然技术落后,但在企业生产经营的初期特别是第一年、第二年将成为创造利润和实现现金流的主导产品。P1 产品销售创造的现金流将为新产品的研发、市场的开拓、设备的更新奠定资金基础,在前期是依托型产品,后期可作为辅助型产品。

(2)P2 产品是对 P1 产品进行技术改良的产品,比较容易获得市场认同。从第二年开始有市场需求,随之需求扩大,到第五年开始出现下滑趋势。在 P2 产品市场需求扩大、价格上升的前提下,第三年、第四年企业可以以 P2 产品为主提高销售收入,为后续 P3、P4 产品的研发、投产创造条件。

(3)P3 是高端型产品,从第二年开始有市场需求,之后需求量与价格呈现同步上升趋势,发展潜力巨大,特别是第五年 P1、P2 产品市场需求下滑,更能体现出竞争优势。可见 P3 是六年、八年经营模式下,企业后续年度的主力产品。

(4)P4 是高端型产品,从第四年开始有市场需求,之后需求量与价格呈现同步上升趋势,市场价格在后期甚至还高于 P3。因此,在六年经营模式下可考虑研发,同时进行适当产品组合;在八年经营模式下,P4 将成为企业的后续主力产品。

📠 案例分享

IBM 为什么卖掉 PC 业务

IBM 在做电脑时,它提供的最大价值就是能做兼容机。而在它之前主要是苹果做电脑,但是苹果系统与其他软件不兼容,只能用它的逻辑去做。于是,IBM 为满足这个巨大的潜在需求,决定做兼容机。当它开始做兼容机后,IBM 就成为一个非常强大的 PC 公司。后来电脑的概念从 ToB 开始转向 ToC,价值开始转移,也就是整个产业的价值转移了,产业价值逻辑也就改变了。

在 PC 产业价值逻辑转移中,出现了康柏电脑和戴尔电脑,它们都比 IBM 做得好。IBM 在这个过程中,加快扩大规模,以获取整机价值,把这个继续做好。

PC 行业继续发展,ToC 的电脑核心价值不再是整机,而是操作系统、芯片和运算速度。发展到这个阶段,谁最厉害? 微软和英特尔。就在这个时间,IBM 决定不再继续做下去了。因为它最擅长的整机已经没有了核心价值。这就体现出了 IBM 在战略上的聪明之处。在 2004 年,抢在价值转移的临界点到来之前,用一个好价钱把电脑卖给联想。战略上选择做什么、不做什么,要考虑产业价值转移。

那么如何考虑产业价值转移呢? 这需要从"边界"角度进行考虑。如果你做的效率比别人高,成本比别人低,你就继续做。如果你做的效率比别人低,成本比别人高,在战略上来讲,其实就应该退出。

(陈春花:《错过移动时代,微软为何还能活过来?》,《销售与市场》2019 年 9 月,第 21—22 页,有改动)

(二)产品、市场组合策略分析

沙盘模拟中存在多种产品、多个市场,因此经营过程中必须考虑产品、市场的组合策略,常见的组合策略如下。

(1)单一产品集中化。单一产品集中化指在可供选择的多种产品中只选择一种进行研发、生产并只向一个市场投放。例如,在经营中只生产 P1 产品,并且所生产的 P1 产品只在本地市场销售。如图 7-9 所示。

	本地	区域	国内	亚洲	国际
P1					
P2					
P3					
P4					

图 7-9　单一产品集中化

(2)产品专业化。产品专业化指在可供选择的多种产品中选择一种进行研发、生产并向所有市场投放。例如,在生产经营中只生产 P1 产品,但是向所有市场,即本地市场、区域市场、国内市场、亚洲市场和国际市场销售。如图 7-10 所示。

	本地	区域	国内	亚洲	国际
P1					
P2					
P3					
P4					

图 7-10　产品专业化

（3）市场专业化。市场专业化指选择所有产品进行研发、生产但只向一个市场投放。例如，在生产经营中生产 P1、P2、P3、P4 所有产品，但产品只在国内市场进行销售。如图7-11 所示。

	本地	区域	国内	亚洲	国际
P1					
P2					
P3					
P4					

图 7-11　市场专业化

（4）选择性专业化。选择性专业化指在多种产品中结合自己的优势选择几种进行研发、生产并有选择地向几个市场投放。例如，在生产经营中选择 P2、P3 产品进行生产，并有选择地向区域市场和国内市场两个市场销售。如图 7-12 所示。

	本地	区域	国内	亚洲	国际
P1					
P2					
P3					
P4					

图 7-12　选择性专业化

（5）全面进入。全面进入指选择所有产品进行研发、生产并向所有市场投放。例如，在生产经营中生产 P1、P2、P3、P4 所有产品，并向所有市场，即本地市场、区域市场、国内市场、亚洲市场和国际市场销售。如图 7-13 所示。

	本地	区域	国内	亚洲	国际
P1					
P2					
P3					
P4					

图 7-13　全面进入

（三）产品组合策略实战分析

在企业 ERP 沙盘模拟中，每个企业都会依据自己的资金链、产能等实际情况来决定产品生产与市场开拓等问题。因此，竞争中不存在最好的产品组合策略，每个企业只能根据各年生产经营面临的实际情况进行组合的优化。在认真思考企业生存、发展等问题的基础上，在博弈中寻求自己最佳的产品组合策略。在六年经营模式下，实战中常见的组合策略如下。

1. P1、P2、P3 产品组合策略

经过分析,各种产品的市场需求高峰期不同,在生产经营中可以这样考虑:第一年、第二年以 P1 产品作为企业的主要产品;第三年、第四年以 P2 产品为主,P1 产品为辅;第五年、第六年以 P3 产品为主,P1、P2 产品为辅。该策略主要考虑将各种产品在需求量大、价格高时推向市场,成为企业的主导产品,使企业的生产经营与产品生命周期相一致,以实现较高的收入与利润。

2. P1、P4 产品组合策略

经过分析,P4 产品在第四年才有市场需求,由于存在研发成本,在六年的经营期中,经营期限较短,生产 P4 产品带来的利润不多,不会是所有企业考虑选择的主要产品,这就体现了 P4 产品在六年经营中的差异化。在这种情况下,如果某家企业前三年的生产经营中只生产 P1 产品,以 P1 产品销售带来的利润和现金流研发 P4 产品,使自己成为整个市场上唯一一家研发 P4 产品的企业,这样在后续第四年、第五年、第六年的经营中,企业能够以很少的广告支出包揽市场上所有 P4 产品的订单,在 P4 产品上体现出较高的广告效益。这种 P1、P4 产品组合策略,在独家研发 P4 产品的情况下,可谓是一种差异化策略。若市场上出现多家企业研发、生产 P4 产品,此策略就没有任何优势,无法在竞争中胜出,甚至会破产。

3. P2、P3 产品组合策略

经过分析,在六年的经营中,P2、P3 产品是第三年到第六年市场上最赚钱的产品,可以为企业带来高额的利润。因此,P2、P3 产品可能是企业集中研发、生产的主要产品,以实现利润最大化。企业同是做 P2、P3 产品,在具体实施的时候也存在比较大的差别。例如,时间上可以选择先生产 P2 产品后生产 P3 产品,或者 P2、P3 产品同时生产,产能上可以选择 P2 产品多 P3 产品少,P2 产品少 P3 产品多或者 P2、P3 产品均等。

不同的组合策略对企业经营业绩的影响大不相同。如何确定取决于企业对市场预测、竞争对手等因素的判断。

📖 创业者经验分享

创业语录

语录 1:要敢想敢做,要勇于走向孤独。不流俗、不平庸,做世界一流企业,这是生命充实、激越起来的根本途径。

语录 2:我们的战略规划办,是研究公司 3～5 年的发展战略,不是研究公司 20 年之后的发展战略,我不知道公司是否能够活过 20 年。

[注解:在迅速变化的市场环境中,规划和预测 5 年的发展,已经非常的困难,预测 20 年的人,可以成为未来学家,但绝不是在企业里。]

语录 3:华为没有成功,只是在成长。

[注解:华为才发展了十几年,绝不能算作成功,能够长期持续的存活,成就百年基业,也许才是成功。]

语录4：华为没有院士，只有院土。要想成为院士，就不要来华为。

［注解："院土"，即任正非所说的"工程商人"。企业搞产品研发，不是搞发明创造，不是要破解哥德巴赫猜想，而是要对产品的市场成功（商业成功）负责。］

语录5：华为一新员工，刚到华为时，就公司的经营战略问题，写了一封"万言书"给任正非，任正非批复：此人如果有精神病，建议送医院治疗；如果没病，建议辞退。

［注解："小改进，大奖励；大建议，只鼓励。"员工最重要的还是要做好本职工作，不要把主要精力放在构思"宏伟蓝图"、做"天下大事"上面。作为一名新员工，对企业没有任何的理解，怎么可能提出合乎实际的建议。］

语录6：任正非在一次董事会上说："将来董事会的官方语言是英语，我自己58岁还在学外语，你们这些常务副总裁就自己看着办吧。"

（作者根据相关网络资料整理而成。）

✐ 课后重点知识总结

（1）市场预测是运用预测的科学原理与手段，对市场交换活动及其影响因素的未来发展状况及变化趋势做出估计与测算。市场预测是市场营销活动中不可缺少的环节，其预测结果的准确性将对企业经营决策的成败起到至关重要的作用。

（2）在企业 ERP 沙盘模拟中，经过市场细分，随着经营年度的推进，可能面临本地市场、区域市场、国内市场、亚洲市场和国际市场，同时在每个市场中又分别有 P1、P2、P3、P4 四种产品。因此，首先应该对市场的需求量趋势、产品的价格趋势做出一个大致的预测，以便指导企业的生产经营决策和广告投放。

（3）理论上讲，广告投放越多，选单的机会就越多。由于企业的资金是有限的，因此，企业在制订广告方案和进行广告投放过程中，应注重下一年企业的销售额、可用于投放广告的资金预算数额、广告费用的具体分配、竞争对手的情况等几个方面，以提高广告投放的效益。

（4）市场占有率反映了企业的市场经营比重状况，是企业参与市场竞争份额的一种体现，是微观经济和宏观经济的综合比较分析的结果。通过市场占有率分析，可以衡量企业现有资源的利用情况，分析企业生产经营发展的潜力，是对企业生产管理水平高低的衡量。

（5）在市场预测中可以看出模拟企业可供生产销售的产品一共有四种，分别是 P1、P2、P3、P4 产品，结合本地市场、区域市场、国内市场、亚洲市场和国际市场的价格与需求，各种产品之间存在差异。因此，研究分析每种产品的特征就成为制订产品组合策略的前提。

（6）沙盘模拟中存在多种产品、多个市场，因此经营过程中必须考虑产品、市场的组合策略，常见的组合策略包括单一产品集中化、产品专业化、市场专业化、选择性专业化、全面进入等。

模块八　模拟企业生产运营分析

知识目标

1.掌握不同生产线的生产效率、购买及维修成本。
2.熟悉厂房租赁、购置规则。
3.熟悉模拟企业生产能力分析的方法。

能力目标

1.学会根据模拟企业经营情况选择恰当的生产线。
2.学会正确计算模拟企业的生产能力。
3.学会合理采购模拟企业物料。
4.学会如何决定是否投入 ISO9000 及 ISO14000 质量认证研发。

思政目标

1.树立应对挫折的自信心。
2.加强对数字化变革时代背景的深入了解。

知识导图

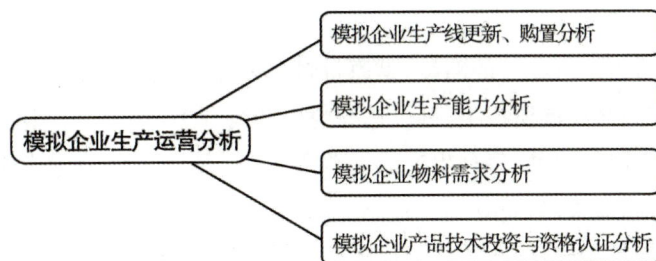

模拟企业生产运营分析
- 模拟企业生产线更新、购置分析
- 模拟企业生产能力分析
- 模拟企业物料需求分析
- 模拟企业产品技术投资与资格认证分析

案例导入

京东与美的供应链开放协同

京东和美的两家公司通过统一共赢意识，从全局出发考虑整体链条的效益，通过对零供生意的预测、供需、采购、订单执行等流程节点进行优化和协同，使得供应链响应速度更敏捷、预见性更前置、供应链更柔性等，帮助双方共同抵御风险，实现整体链条的成本最优。

京东与美的品牌商协同合作主要围绕供应链基础数据打通、采购计划协同、预约入库优化和内配开放、仓网布局协同、大促作战运营、库存模式等八个核心模块开展并取得明显改善效果。双方秉承着高度开放和协同后续进行更深层的合作，探索适合双方业务持续发展的库存合作模式，打造双方高度协同的数智化供应链。

通过系统直连，美的实现每人每月 22 小时的节省，通过供需协同实现自动单比例从 10% 提升至 30%；采购分仓准确性提升，实现每人每月 36 小时的节省；自动预约实现系统轮循预约效率提升 90%；内配开放及优化实现冰箱品类每年 600 万费用节省；分仓和自动排车工具降低备货偏差和实现运输成本最优支持；缺货归因及不健康库存损益量化等工具帮助针对性改善和清晰决策。

与美的协同合作只是京东"数智化"供应链对外开放的一个缩影。2021 年"双十一"期间，京东智能供应链帮助 3.3 万个品牌、超过 500 万种商品进行销售预测。同时，京东智能供应链支撑了全国各地近 200 个城市的预售前置决策计算，在消费者支付定金瞬间就开始仓储生产，预售商品在支付尾款前就已抵达离消费者最近的快递站点。"双十一"收货第一单是家住中国最北端黑龙江漠河的荣女士，在凌晨付完尾款后 6 分钟，就收到了在京东预定的口红。

（王小草：《供应链变革之路该怎么走？》，《中国水运报》2021 年 11 月 27 日，有改动。）

思考：

1. 京东与美的的供应链协同带来哪些成效？

2. 该案例给你带来什么启发？

一、模拟企业生产线更新、购置分析

(一)生产线更新、购置分析

生产线是产品生产所经过的路线，是原材料经过加工、运送、装配、检验等一系列生产工序的集合。在 ERP 沙盘模拟中，可以选择的生产线有手工生产线、半自动生产线、全自动生产线和柔性生产线四种，每种生产线的购买价格、安装周期、生产周期、转产周期、转产费用、维修费用和残值均不相同。不同类型的生产线在生产效率、灵活性方面差距也较大。企业应该根据各年的资金、销售等情况综合进行决策，选择适合本企业生产经营规模的生产线。由于生产线的更新、购置耗资巨大，一旦决策失误不仅不能满足生产经营的需要，反而可能引发资金链断裂，使企业面临破产风险。因此，在进行生产线更新、购置决策时一定要结合企业的战略、资金、销售等因素综合考虑。

在模拟经营之初，企业拥有三条手工生产线和一条半自动生产线，生产效率偏低。随着生产规模的扩大，企业必须对旧的生产线进行更新。

1. 手工生产线

假设在模拟经营第二年，P1、P2、P3 和 P4 产品的售价分别为 4M、7M、8M 和 9.5M，根据手工生产线的购买价格、产能及维修情况得到手工生产线生产效率的情况(不包括广告费、市场开拓费用），见表8-1。

表8-1　手工生产线生产效率情况

| 产品 | 安装时间 | 投入资金 | 年产能 | 估计市场售价 | 变动成本 | 边际贡献 | 固定费用 | | 回收期 |
							维修	财务	
P1	0	5.0	1	4.0	2.0	2.0	1.0	0.25	6.7
P2	0	5.0	1	7.0	4.0	3.0	1.0	0.25	2.9
P3	0	5.0	1	8.0	6.0	2.0	1.0	0.25	6.7
P4	0	5.0	1	9.5	8.0	1.5	1.0	0.25	20.0

从表8-1可以看出，手工生产线的生产效率低，每年只能生产出一个产品，在市场需求增加的趋势下，手工生产线的产能不能满足生产的需要。同时，从投资回收期可以看出，在后续的生产经营中如果购入手工生产线进行生产，产能较低导致投资回收期过长。所以，在后续购买生产线的决策中，再买入手工生产线的做法是不可取的。特别是P4产品的生产，在不考虑广告费、市场开拓的情况下，每个P4产品只能带来0.25的利润，如果考虑上广告费、市场开拓，用手工生产线进行P4产品的生产将是亏损。因此，必须进行生产线的更新，在生产经营的第一年、第二年，将目前企业拥有的三条手工生产线出售，在资金允许的情况下购入生产能力较高的生产线用于后续生产。

2.半自动生产线

假设在模拟经营第二年，P1、P2、P3和P4产品的售价分别为4M、7M、8M和9.5M，根据半自动生产线的购买价格、产能及维修情况得到半自动生产线生产效率的情况（不包括广告费、市场开拓费用），见表8-2。

表8-2　半自动生产线生产效率情况

| 产品 | 安装时间 | 投入资金 | 年产能 | 估计市场售价 | 变动成本 | 边际贡献 | 固定费用 | | 回收期 |
							维修	财务	
P1	0.5	8.0	2	4.0	2.0	4.0	1.0	0.4	3.6
P2	0.5	8.0	2	7.0	3.0	8.0	1.0	0.4	1.7
P3	0.5	8.0	2	8.0	5.0	6.0	1.0	0.4	2.2
P4	0.5	8.0	2	9.5	6.0	7.0	1.0	0.4	1.9

从表8-2可以看出，半自动生产线的生产效率总体是偏低的，每年只能生产出两个产品，在市场需求增加的趋势下，半自动生产线的产能仍旧不能满足生产的需要。因此，必须进行生产线的更新，在生产经营的第一、第二年，如果企业的资金紧缺，可以考虑延用半自动生产线进行P1产品的生产，待第三年根据资金状况决定是否进行生产线的更新，出售半自动生产线，购置新生产线。当然在企业资金紧缺的情况下，也可以一直使用半自动生产线进行P1产品的生产，由于半自动生产线的折旧在第四年提完，第五年、第六年没

有折旧费,用这条半自动生产线生产 P1 产品的相对利润也会有所提高。

3. 全自动生产线

假设在模拟经营第二年,P1、P2、P3 和 P4 产品的售价分别为 4M、7M、8M 和 9.5M,根据全自动生产线的购买价格、产能及维修情况得到全自动生产线生产效率的情况(不包括广告费、市场开拓费用),见表 8-3。

表 8-3　全自动生产线生产效率情况

| 产品 | 安装时间 | 投入资金 | 年产能 | 估计市场售价 | 变动成本 | 边际贡献 | 固定费用 | | 回收期 |
							维修	财务	
P1	1	16.0	4	4.0	2.0	8.0	1.0	0.8	3.6
P2	1	16.0	4	7.0	3.0	16.0	1.0	0.8	2.1
P3	1	16.0	4	8.0	4.0	16.0	1.0	0.8	2.1
P4	1	16.0	4	9.5	5.0	18.0	1.0	0.8	2.0

从表 8-3 可以看出,全自动生产线的生产效率高,每年能生产出四个产品,在市场需求增加的趋势下,全自动生产线的产能可以满足生产的需要。由于全自动生产线购置所需资金较多,企业在购置决策时不能盲目,必须根据资金链的情况做出合理的决策,不能在资金紧张的情况下增加多条生产线,否则企业将会面临破产的风险。另外,由于全自动生产线转产存在停产和变更费用,因此在购置全自动生产线时,必须对生产线的用途按企业发展战略进行合理规划,尽量不要在生产中进行转产,以保证全自动生产线的使用效率和效益。

4. 柔性生产线

假设在模拟经营第二年,P1、P2、P3 和 P4 产品的售价分别为 4M、7M、8M 和 9.5M,根据柔性生产线的购买价格、产能及维修情况得到柔性生产线生产效率的情况(不包括广告费、市场开拓费用),见表 8-4。

表 8-4　柔性生产线生产效率情况

| 产品 | 安装时间 | 投入资金 | 年产能 | 估计市场售价 | 变动成本 | 边际贡献 | 固定费用 | | 回收期 |
							维修	财务	
P1	1	24.0	4	4.0	2.0	8.0	1.0	1.2	5.1
P2	1	24.0	4	7.0	3.0	16.0	1.0	1.2	2.7
P3	1	24.0	4	8.0	4.0	16.0	1.0	1.2	2.7
P4	1	24.0	4	9.5	5.0	18.0	1.0	1.2	2.5

从表 8-4 可以看出,柔性生产线的生产效率和全自动生产线相比,柔性生产线并未体现出产能上的优势,每年也是生产四个产品,投资额度却比全自动生产线高出 8 个 M。由于投资增加,年折旧增加,生产每个产品的成本相对全自动生产线就会增加。但柔性生产

线没有转产费用和转产停产期,生产能力具有弹性,企业可以根据当年的市场情况灵活调整产品生产。在生产线购置决策中,柔性生产线不宜多购置,是否购置,资金是关键。在企业资金允许的情况下,企业可以适当购置一条柔性生产线满足生产弹性的需要,合理利用好柔性生产线这把"双刃剑"。

(二)厂房租赁、购置分析

在企业 ERP 沙盘模拟中,可供选择的厂房主要有大厂房和小厂房两间,根据 ERP 沙盘模拟的经营规则,厂房不计提折旧。在企业开始生产经营的最初阶段,企业的四条生产线均放置在自有的大厂房中,自有的大厂房属于企业的固定资产。随着企业生产经营的推进,生产线的更新、购置,可能就存在一个自有大厂房不能满足的情况。因此,存在厂房的租赁与购置分析。一般情况下可以做如下考虑。

(1)在第 1~4 年的生产经营中,由于企业研发新产品,开拓新市场,更新、购置生产线等原因,资金链相对较紧,如果自有的大厂房不能满足需求,也没有资金进行厂房的购置活动,那么可能会导致资金链断裂使企业面临破产的风险。因此,在前 4 年,若一个大厂房不能满足使用的情况下通常考虑租赁。在可选择的厂房中,大厂房可以容纳六条生产线,年租金为 5M,平均每条生产线只承担 0.83M。小厂房只能容纳四条生产线,年租金为 3M。企业可以根据自身实际情况选择合适的厂房租赁。

(2)在第 5~6 年的生产经营中,企业基本完成了市场开拓、产品研发等前期投资工作,效益好的企业资金充足,这样的企业就可以考虑购置新厂房。由于规则中厂房不计提折旧,因此买比租成本低。在购置决策中,也是先考虑购置小厂房,再考虑大厂房。要注意的是新厂房的购置不是每个企业都能进行的,是否购置取决于企业的资金。

📽 案例分享

企业"机器换人"提振动能

强壮的机械臂娴熟地自主上料,只需要 12 秒就能制作完成一个滑动轴承止推片,并同时进行自动上下料、自动检验及固定托盘。近期,杭州临安"开门红·亚运红"双线"三服务"活动火热开展,这是太阳镇"助企专员"在走访时看到的一幕。

"全自动操控机器是我们自主研发的,科研团队根据止推片生产规格和要求,'量身'改装了一台。"据杭州临安东方滑动轴承董事长沈百仁介绍,原来要手工上料、肉眼检验,不仅效率低,产品差错率也相对比较高,自从新设备投入使用后,一个员工可以同时操控四台机器,全自动生产、检验,效率比以前高了足足 4 倍。

近年来,随着科技创新、机器换人政策的不断推行,太阳镇积极适应时代潮流、响应政策号召,生产线上需要人为完成的工序大部分已经被机器替代。通过机器换人与技术升级,企业生产效能、生产品质显著提升,而随之相伴的创新成果也是随处可见。

"我们将在今年申报数字化车间。"沈百仁董事长说,"目前车间拥有 48 台自动化设备,具有 5 条自动化生产线,所需人工减少 26%,生产效率提升了 25%,产品差错率也随之降低了 8%。接下来还将继续加大设备投入,对生产过程实现全程数字化、数据实时查看。"这样的智能制造样态不只在东方滑动轴承,实际上这已经是太阳镇企业"机器换人"的一个缩影。

素有"中国工具五金生产基地(临安)"称号的太阳镇,鲤鱼钳、金轮扳手等五金工具在全国有着重要地位。过去企业多以劳动密集型为主,长期处于产业链中下游。近年来,太阳镇大力实施"两进两回"战略,同时通过搭建政银企合作平台,组建企业招商引才"轻骑兵",做到外出引才和本地育才"两手抓",有力推动企业科技赋能和机器换人进度,促进当地产业提振升级。

(作者根据相关网络资料整理而成。)

二、模拟企业生产能力分析

模拟企业生产能力的计算是个重要的环节,生产能力的计算将对各期物料需求以及订单的选择产生影响。在经营过程中,每个企业都会根据资金的情况在各期做出更新、购置生产线的决策。因此,产能的计算一般按在用生产线和在建生产线来统计。

在用生产线的生产能力计算一般按下列步骤进行。

(1)按产品品种归集生产线,统计用于生产每种产品的生产线的数量。

(2)按生产线的产能分别计算各种产品的产能,其中全自动生产线和柔性生产线每年生产4个产品,半自动生产线每年生产2个产品,手工生产线每年生产1个产品。

由于生产线的建设存在周期。因此,对于正在建设的生产线,要正确确定完工投产的时间,才能合理计算出各期的产能。

A组第四年年末生产中心和物流中心盘面资料如图8-1所示,据此可以预测其第五年的产能。

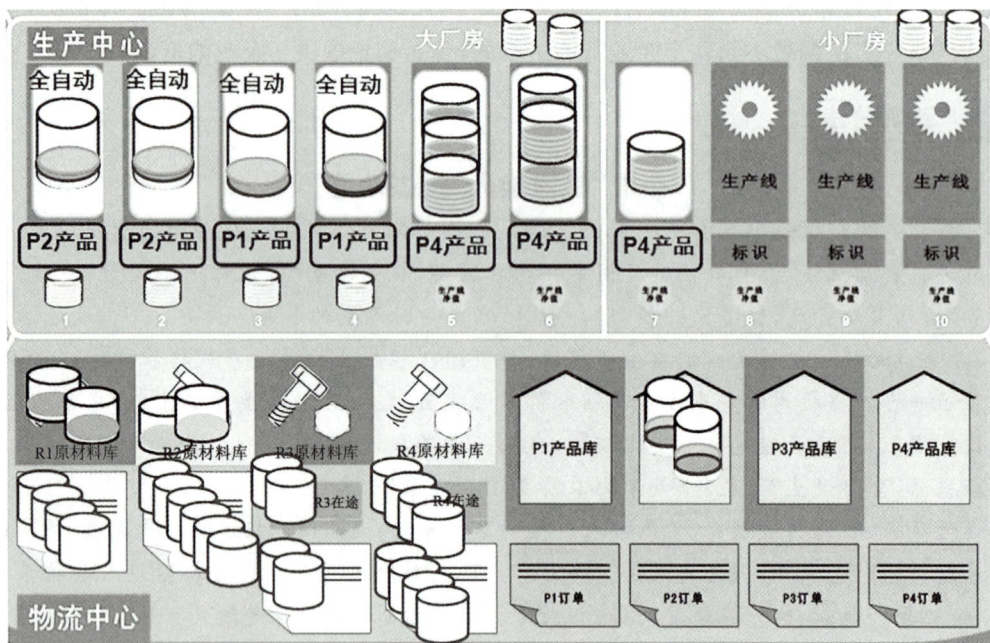

图8-1　A组第四年年末生产中心和物流中心盘面资料

从图8-1可以看出,在用的4条全自动生产线中,2条是生产P1产品的,2条是生产P2产品的,每条生产线年产量为4个产品,因此P1产品的产能为8个,由于无库存,可供销售的P1产品就是8个;生产线上P2产品的产能也为8个,但是P2产品有2个库存,所以可供销售的 P2 产品有 10 个。在建的 3 条 P4 产品全自动生产线中，有 2 条在第五年的一季度可以投入生产，由于四个季度的产品当年无法下线，因此这 2 条生产线每条的产能为 3 个；有 1 条在第五年的三季度可以投入生产，由于四季度的产品当年无法下线，因此这条生产线的产能为 1 个。所以 P4 产品的产能为 7 个，由于无库存，可供销售的 P4 产品就是 7 个。产能的预测是市场竞单的基础，也是材料需求分析的基础，这一环节在实际操作中至关重要。

三、模拟企业物料需求分析

为保证企业生产经营的正常进行，企业必须在产能分析的基础上做好物料需求分析。合理的材料采购计划可以避免发生停工待料的情况，同时也不会造成原材料过多积压，占用资金。在 ERP 沙盘模拟中，生产 P1、P2、P3、P4 产品所需的材料分别为 R1、R2、R3、R4 四种。在模拟经营中，每个企业的发展战略不同，生产线的建立存在差异，产能也不同。因此，在经营中，每个企业都必须根据自己生产经营的实际情况确定原材料的预订与采购，主要可以从下列几个方面考虑分析。

（1）先根据各种产品的产能仔细计算每种材料的需求量，再进行各种材料需求量的汇总工作。由于材料可能存在库存，因此用总需求量减去库存就可以得到本期各种材料的预订、采购数量。

（2）恰当地进行原材料预订。在经营规则中 R1、R2 材料的采购只要提前一个期进行预订，而 R3、R4 则需要提前两个期预订。特别是 P3、P4 产品的生产都需要使用到 R3、R4 材料，如果没有按规则提前两个期预订，将造成停工待料，这样就会影响到生产甚至是订单的完成。

（3）在生产经营的前四年，由于处于新产品研发、市场开拓、生产线建设期，资金链比较紧张，企业在采购时可以合理选择批量采购，以获取延期付款的优惠来缓解资金需求的压力。在选择批量采购时也要注意不要过分积压，合理应用好应付账款。

依据图 8-1，在第五年产能预测的基础上对第五年物料需求做如下分析。

（1）必须将物料需求分析建立在企业产能预测的基础上。按第五年的产能预测来看，第五年 A 企业可以生产 8 个 P1 产品，8 个 P2 产品，7 个 P4 产品，根据这个产能全年将消耗 16 个 R1 材料，15 个 R2 材料，7 个 R3 材料，14 个 R4 材料。

（2）在全年消耗量的基础上必须将现有的库存量和第四年的预订量扣除才是第五年的生产消耗材料的订货量。在这里要特别提醒的是预订量。按沙盘操作规则，R1、R2 材料需要提前一个期预订，这样就带来要保证第一季度 P1、P2、P4 产品的正常生产，其第一季度所消耗的 R1、R2 材料必须最迟在第四年的第四季度进行预订；而为了保证第一季度 P4 产品的正常生产，其第一季度所消耗的 R3、R4 材料必须最迟在第四年的第三季度进行预订，否则将发生停工待料的情况，依次类推。

（3）在订货时若企业资金紧张可考虑批量采购，以获取延期付款的优惠来缓解资金需求的压力。

四、模拟企业产品技术投资与资格认证分析

（一）产品技术投资分析

P2、P3、P4 产品都属于新产品，要投入生产必须进行研发，每种产品的研发周期均是六个季度。因此，为了避免生产线闲置、产品积压，企业对新产品的研发应该依据企业的发展战略和市场预测进行。企业应重点考虑：新建生产线与新产品生产的匹配，市场预测中新产品哪年开始有市场需求。例如，企业市场预测第二年 P2 产品有市场需求，企业发展战略也决定购置全自动生产线用于 P2 产品的生产，计划第二年向市场投放，那么就可以这样考虑进行 P2 产品研发和生产线的购置。P2 产品的研发在第一年第一季度进行。研发要四个季度，也就是第一年的第四季度才研发完成。全自动生产线的建设只需要四个季度，为避免生产线闲置，新购置准备用于 P2 产品生产的全自动生产线应该于第一年的第一季度开始投资建设。这样第一年的第四季度 P2 产品的研发和用于生产 P2 产品的全自动生产线建设完成，在原材料充足的情况下即可同期投入生产。

（二）资格认证分析

随着生产经营的推进，在后续年度的市场销售中可能存在相关的资格认证，ISO9000 及 ISO14000 质量认证的订单，其市场销售价格将高出一般商品的价格。可见，在企业资金允许的情况下，进行 ISO9000、ISO14000 的开发是必要的，只有开发才可能参与到市场竞争中去。

📖 创业者经验分享

海尔的理念：永远要自以为非，不要自以为是

海尔集团原首席执行官张瑞敏认为，没有成功的企业，只有时代的企业。因为所谓成功的企业，只不过是因为踏准了时代的节拍。但是时代的发展太快了，你怎么会永远踏上这个节拍呢？这个真的是不可能的。所以，唯有不断追寻时代的脚步。

企业一定是从有边界变为无边界的。管理上没有最终的答案，只有永恒的追问。就像海尔的理念，永远要自以为非，而不要自以为是。

海尔正在打造自主经营体，要打造成"自组织"。自组织，就是一种有序、有竞争力的体制和机制。海尔提出了"经营人"的理念。企业再造是以用户为中心，不是以企业为中心。如果周围没有用户群，企业将什么都不是。海尔原来都是领导在前面，员工在后面跟着干。而"经营人"，就是要把每个员工培养成独立的经营体。每个人都能面对市场，可以提高海尔的战斗力。海尔让每个人更加关注市场、让每个人独立面对市场。

海尔公司前些年把一万多名中间管理人员去掉，把企业原来的金字塔式一下子变成平台，这个平台上面只欢迎创业。变成一个平台之后，员工只要创业，就给机会。个人可以创业，小微可以互相结合。海尔和原来不一样了，原来海尔是管理者，现在变成一个股东。企业不再支付薪酬，平台主如果觉得有希望，自己从家里拿钱进来。风投进来，海尔要求团队的每一个人必须跟投。这样就变成了一个整体，和原来的管理主客体完全不一

样了。某种意义上,每一个创客都是管理的主体。这就是德鲁克说过的话:21世纪的企业,一定是让每个人成为自己的CEO。

(作者根据网络相关资料整理而成。)

📝 课后重点知识总结

(1)在ERP沙盘模拟中,可以选择的生产线有手工生产线、半自动生产线、全自动生产线和柔性生产线四种,每种生产线的购买价格、安装周期、生产周期、转产周期、转产费用、维修费用和残值均不相同。不同类型的生产线在生产效率、灵活性方面差距也较大。应该根据各年的资金、销售等情况综合进行决策,选择适合企业生产经营规模的生产线。

(2)在企业ERP沙盘模拟中,可供选择的厂房主要有大厂房与小厂房两间,根据ERP沙盘模拟的规则,厂房不计提折旧。

(3)在用生产线的生产能力计算一般按下列步骤进行:按产品品种归集生产线,统计用于生产每种产品的生产线的数量;按生产线的产能分别计算各种产品的产能,其中全自动生产线和柔性生产线每年生产4个产品,半自动生产线每年生产2个产品,手工生产线每年生产1个产品。

(4)每个企业都必须根据自己生产经营的实际情况确定原材料的预订与采购,主要可以从下列几个方面考虑分析:先根据各种产品的产能仔细计算每种材料的需求量,再进行各种材料需求量的汇总工作;恰当地进行原材料预订;在生产经营的前四年,由于处于新产品研发、市场开拓、生产线建设期,资金链比较紧张,企业在采购时可以合理选择批量采购,以获取延期付款的优惠来缓解资金需求的压力。

(5)新产品的研发应该依据企业的发展战略和市场预测进行。ISO9000及ISO14000质量认证的订单其市场销售价格将高出一般商品的价格,在企业资金允许的情况下,进行ISO9000、ISO14000的开发是必要的。

模块九 模拟企业财务管理分析

📖 知识目标

1.了解模拟企业资金链的计算方法。

2.熟悉四种融资模式适用条件。

💡 能力目标

1.能够选用正确的融资模式进行融资。

2.会运用杜邦分析体系进行初步的模拟企业经营业绩分析。

💬 思政目标

1.认识到:企业每个岗位都很重要,只有各部门各司其事、通力合作才能实现企业成功经营。

2.认识企业经营数据的重要性。

3.提升敢闯敢试、创新求变及坚持到底的意识。

📒 知识导图

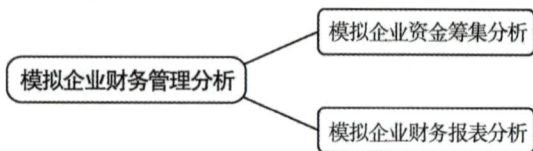

📋 案例导入

庄吉公司资金链断裂导致破产重组

庄吉公司成立于 1996 年,注册资本 1.01 亿元,是中国 500 强民营企业之一,被评为"中国服装十大影响力品牌"之一,2011 年产值近 30 亿元。在温州,它是大型民营企业的重要标杆。

但是自 2003 年以来,庄吉公司掌舵人郑元忠没有把所有的心思都放在衣服上。庄吉开始投身房地产。例如,在天津,他与现代集团合作投资庄吉购物中心,建筑面积10 万平方米,于 2005 年全部转让。此后,他还涉足物流、水电和风力发电、矿业等领域。2006 年底,他在云南投资有色金属工业,并在普洱市拥有 2000 多平方千米的有色金属矿的采矿权。

对庄吉伤害最大的是进入造船业。2007 年,庄吉开始造船,接到很多订单,先后建造了 6 艘化学游轮、近海工程船和散货船。香港巴拉哥集团的两艘 82000 吨散货船是最大的订单。当时庄吉来回投资 12.72 亿元，负债总额达到 10 亿元。该企业专门将两艘大船的订单抵押给银行，用于贷款造船。

庄吉绝不会想到，前脚刚踏入造船业，后脚就遭遇了 2008 年的金融危机，造船业面临着"极深的寒冷"。竣工时，香港巴拉哥集团因经营困难弃船，引发庄吉金融危机，随后，银行向庄吉造船业提出索赔 3.36 亿元。更让庄吉意外的是，造船业的"寒冬"会持续这么久。庄吉彻底被打倒了。

事实上庄吉的主营业务在 2007 年后开始下滑。据媒体报道，庄吉 2007 年税后利润为 1.2 亿元，但以每年 1000 万元的速度下降。造船陷入困境后，庄吉被银行抽贷，由于银行在贷款到期后没有续签贷款，导致企业逾期还款，因此被银行列为关注企业。据知情人士透露，庄吉涉及银行 50 亿元贷款。一旦庄吉出现问题，它将对温州整个的经济产生巨大的影响。

在政府的帮助下，庄吉造船业先后与希腊、美国、丹麦、新加坡等 10 多家国外买家谈判，最终在 2013 年 12 月 31 日前成功售出一艘废弃的 8.2 万吨散货船。但现在看来，这些措施只是杯水车薪，庄吉最终没能挺过来。后来，庄吉公司在政府的帮助下进行了破产重组。

（作者根据网络相关资料整理而成。）

思考：

1. 你认为庄吉公司的资金链断裂是什么原因造成的？

2. 借鉴庄吉公司的破产经历，你认为沙盘模拟经营过程中该如何进行资金链管理？

一、模拟企业资金筹集分析

资金是企业持续从事生产经营活动的基本条件。在市场经济条件下，任何企业的经营活动都必须有资金的支持。企业融资是指企业从其生产经营现状及资金运用情况出发，根据其未来经营策略与发展需要，经过科学的预测和决策，通过一定渠道，采用一定方式筹集资金的一种财务活动，是企业的基本财务活动，也是企业财务管理的一项重要内容。

在企业 ERP 沙盘模拟中，资金筹集的分析主要包括资金链的计算和筹资。

（一）资金链的计算

在企业 ERP 沙盘模拟中，首先要通过准确计算资金链得出每个季度的资金缺口或资金剩余量，为筹资与投资做好准备。当出现资金缺口时，解决的是融资问题，考虑融通资金以满足生产经营的需要；当出现资金剩余时，解决的是投资问题，企业可以在现有规模下考虑投资开发新产品、开拓新市场、购置生产线、购置厂房。可见，资金链的计算是筹资分析的一个重要环节。企业年度现金收支预算见表 9-1。

表 9-1   企业年度现金收支预算

季度	第一季度	第二季度	第三季度	第四季度
年初现金余额				
支付上年应交所得税				
广告投入				
应收账款贴现				
支付贴现费用				
支付短期贷款本息				
支付民间融资本息				
申请短期贷款				
申请高利贷				
应收账款				
应付账款				
产品研发投资				
变卖生产线				
生产线投资				
转产费用				
加工费				
违约金				
支付行政管理费				
支付长期贷款本息				
申请长期贷款				
支付设备维护费				
租赁/购买厂房				
新市场开拓				
ISO资格认证投资				
现金收入总计				
现金支出总计				
年末现金余额				

从表 9-1 中可以得出如下结论。

(1)现金流出项目为上年应交所得税、广告投入、贴现费用、短期贷款本息、民间融资本息、支付应付账款、产品研发、生产线投资、转产费用、加工费、违约金、管理费、长期贷款本息、维护费、厂房租金及购置费、新市场开拓、ISO资格认证,这些项目在填列时是资金流出,建议用负数表示。

(2)现金流入的项目为:短期贷款、高利贷、长期贷款和应收账款贴现,建议用正数表示。

(3)计算现金余额:本期现金余额＝期初余额＋现金流入－现金流出。

(4)在计算资金链时,通常用期初余额先扣减现金流出的合计,再加上应收账款到期收回、变卖生产线收回的资金就得到当期的资金缺口,而这个资金缺口在ERP沙盘模拟中就只有靠短期贷款、高利贷、应收账款贴现、长期贷款四种方式进行融资,这就涉及如何进行融资的问题。在实际操作中,通常先计算资金的缺口,决定融资方式再填列短期贷款、高利贷、应收账款贴现、长期贷款项目。

案例分享

稻盛和夫:不懂会计,就无法经营企业

如何用数字经营好企业,这是每个经营者都会遇到的问题,也是让部分经营者头疼的问题。有的人一看数据脑袋就大,不会看,也看不下去,如果是这样你的企业即使办成功了,也不能代表你就是一个合格的经营者。稻盛和夫一再告诫我们:不懂会计,就无法经营企业。企业的经营哲学贯彻得如何,最终是要以数字来呈现的。

在企业中,财务的数字是最具有综合性、系统性的,也是最能体现公司的整体经营状况的,其他数字都无法替代。大家知道企业的人、财、物最终都要转化为以统一的货币为计量标准的资金流,这是其他统计工具方法所不能替代的。比如,生产过程中,产品的数量、品种、质量,作为单一的计量数据,这些都是可以的,但是它们没有办法汇总起来。只有财务数据可以将产品产值、产品的质量成本、存货的价值汇总起来。所以稻盛和夫对财务数字非常重视,将它称之为"企业经营的中枢"。

很多经营者都说,我很重视财务,我的爱人或者我的亲戚都是财务的负责人。大家想一想,实际上他们的主要职责是看摊守钱,注重资金的安全,并不是如稻盛和夫所说的注重财务数据。很多经营者对财务数据的重视程度是远远不够的。稻盛和夫说:"我不是财务专家,但作为经营者在日常的经营中,我意识到会计的重要性,在不断学习的同时,结合实践去思考,会计应该怎样做才对。我用我自己的方式确立了具体的原理、原则。"

要取得正确的企业经营数据,不但要符合正确的哲学思想、国家法令、企业制度,还要按照会计原则的要求经营企业。没有一一对应、双重确认的原则,不按照企业正确的流程做,企业就不会取得准确的数据。没有准确的数据,企业经营者的决策判断,就会出现问题。

在细节管理中,很多企业是粗放经营,甚至是放任不管的,因此造成生产成本居高不下,浪费严重,数据混乱。稻盛和夫强调,对数据的态度应该端正,不端正就会造成企业数据混乱。

(作者根据相关网络资料整理而成。)

(二)融资

在正确计算出企业本期资金缺口的基础上,ERP 沙盘模拟提供了短期贷款、民间高息融资、应收账款贴现、长期贷款四种融资模式,在具体应用时应做如下考虑。

(1)在企业 ERP 沙盘模拟中,由于贷款受到企业所有者权益数额的限制,因此要贷款就必须考虑权益,尽量将企业的权益做大。在生产经营的前 3 年,由于投资数额巨大,市场份额相对较小,企业利润少,权益会呈现一种下降趋势。在融资过程中一定要对权益的数额进行预测,以明确信贷数额,防止企业因资金链断裂而破产。

(2)在筹资时要注意贷款的用途。在 ERP 沙盘模拟中,短期资金的融资模式为短期贷款、民间高息融资、应收账款贴现三种。短期融资由于偿还期限短,偿债压力大,一般只能用于弥补流动资金的不足;长期贷款期限长,偿债压力小,用于弥补长期建设资金的不足。在具体使用时,若将短期资金用于生产线、研发等长期项目,企业将面临债务危机,甚至可能面临无法偿债而破产的风险。特别是生产经营的前几年,资金需求量大,企业利润少。在这种情况下,若项目投资超出长期贷款和自有资金,企业将面临破产风险。因此,在项目开发上,企业要量入为出,以自有资金和长期贷款的规模来进行生产线购置和研发投资,切不可盲目。

(3)考虑到贷款成本的问题,在流动资金不足时优先考虑进行短期贷款,然后是贴现,最后才是民间融资。具体应用时应该注意短期贷款和民间融资都是一个季度有一次机会进行贷款。因此,在进入下一季度生产经营前,首先,应该认真核对资金缺口,若资金不足应贷款后再进入下一季度生产经营。其次,注意短期贷款和民间融资都是以 20M 为单位来进行,贴现是以 7M 为单位来进行,在资金缺口小的时候可以考虑先贴现。

(4)在生产经营的第一年应该将长期贷款全部贷满,弥补建设资金的不足,以避免生产经营前 3 年由于权益下降而丧失长期贷款的机会。

二、模拟企业财务报表分析

财务分析是借助财务报告反映的财务数据,采用专门方法,系统分析和评价公司过去和现在的财务状况和经营成果,通过了解过去、评价现在、预测将来可以把大量的报告数据转换成对公司预测、决策、控制有用的信息。在财务管理中,财务分析起着承上启下的作用。财务分析的数据大部分来源于财务报告,在分析财务报告的基础上,财务分析对公司的偿债能力、盈利能力、运营能力、发展能力做出评价。通过财务分析,既找到公司每个管理中的薄弱环节,又能从公司全局把握问题之所在。通常,财务分析只能发现问题而不能提供解决问题的方法,但通过分析,我们能够明确需要详细调查和研究的项目,这些调查研究可能涉及经济、行业、国家宏观政策等多个方面,以帮助公司解决问题,帮助投资者进行决策。如果没有分析,就不能将历史状况数据转变为对决策有用的信息。

在 ERP 沙盘模拟中可以采用杜邦分析体系,通过各个主要财务比率之间的联系,综合地分析和评价企业的财务状况、经营业绩,揭示企业生产经营中存在的问题,为改善企业内部管理奠定基础。杜邦分析如图 9-1 所示。

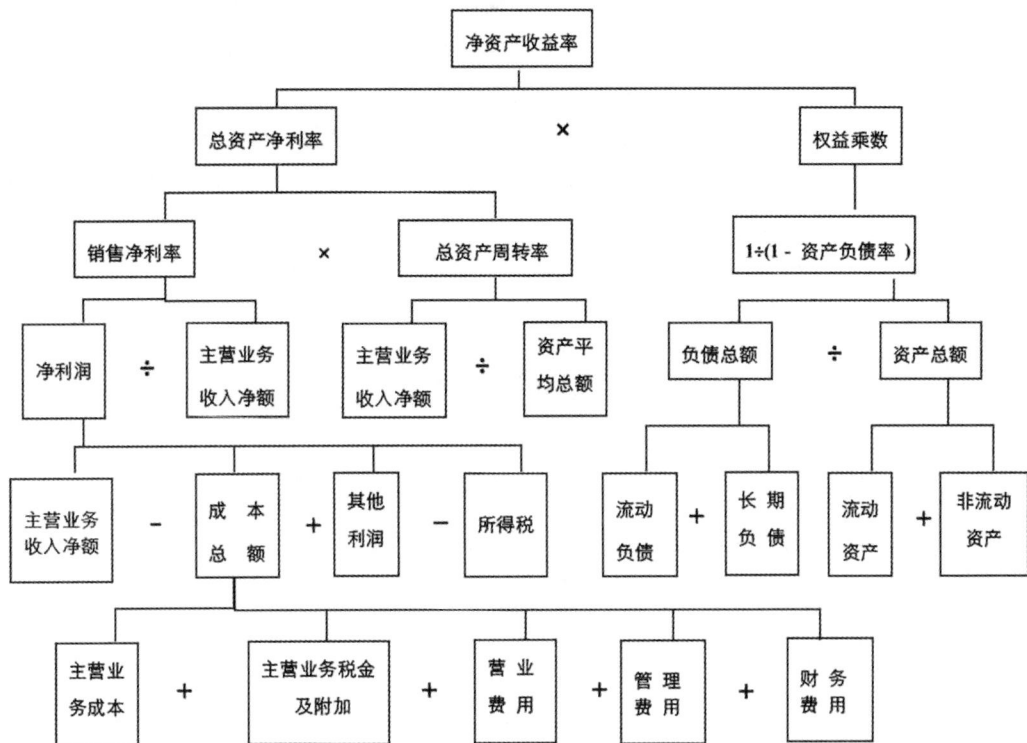

图 9-1　杜邦分析

（1）从图 9-1 可以看出，杜邦分析的核心是权益净利率，它反映了企业为所有者创造利润能力的大小，是企业经营结果的综合体现。权益净利率越高，表示企业为所有者创造利润的能力越大。对所有者而言，该指标越高越好。

（2）权益净利率可以进一步分解为资产净利率和权益乘数两个指标相乘的结果。可见，资产净利率和权益乘数两个指标增加都将提高权益净利率。资产净利率是反映企业经营效率和盈利能力的重要指标，一般情况下，该指标越高，公司资产利用的效果就越好，公司整体的获利能力就越强，经营管理水平就越高，表明资产在企业中得到了有效的利用。权益乘数表示企业的负债程度，权益乘数越高，表示企业负债的数额越大。企业负债经营可以带来一定的财务杠杆效益，但财务风险也不断增加。因此，权益乘数并非越高越好，应该在保持企业资本结构稳健的基础上充分发挥负债的财务杠杆正效益。

（3）将资产净利率进一步分解可以得到销售净利率和总资产周转率两个指标，要提高资产净利率是销售净利率和总资产周转率共同作用的结果。销售净利率的提高可以从销售额和销售成本两个方面考虑，一方面要注重开拓市场、研发产品、合理投入广告费用获取订单，增加销售收入，增加利润；另一方面要加强成本、费用控制，尽量降低单位产品承担的各项费用，例如，广告费用、研发费用、维护费用、管理费用、利息费用等，降低消耗，增加利润。

总资产周转率体现了运用资产产生收入的能力，该指标越高说明资产利用的效率就越高。首先，企业资产的结构要合理，资产的结构合理主要体现在资产中流动资产和长期资产的构成上。流动资产代表企业资产的流动性，长期资产代表了资产的盈利性，合理的资产结构就意味着资产的流动性与盈利性兼顾。其次，对资产各组成部分的使用效率进行分析,如流动资产周转率、存货周转率、应收账款周转率等,可以判断出企业资产周转的问题所在。总体而言,只要企业资产周转率提高,周转速度加快,资金占用就会降低,资产使用效率就会提高,达到使资产净利率提高的目的。

(4)由于 ERP 沙盘模拟企业经营实训是个博弈的过程,因此在对指标比较分析时主要应注重不同企业相同年度之间的横向比较和同一企业不同年度之间的纵向比较,以便找出差距,指出问题,改善经营管理。

假设一次模拟经营共有 A、B、C、D、E、F 六组参加,我们选用 A 组第四年、第五年、第六年经营的数据,将此数据通过杜邦分析得到如图 9-2～图 9-4 所示的分析结果。

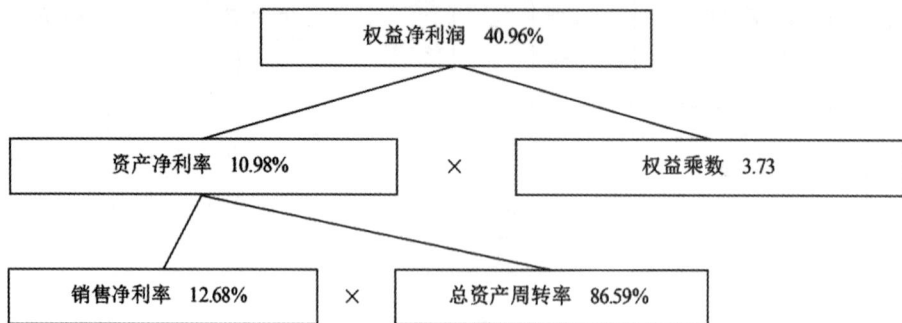

图 9-2　A 组第四年杜邦分析

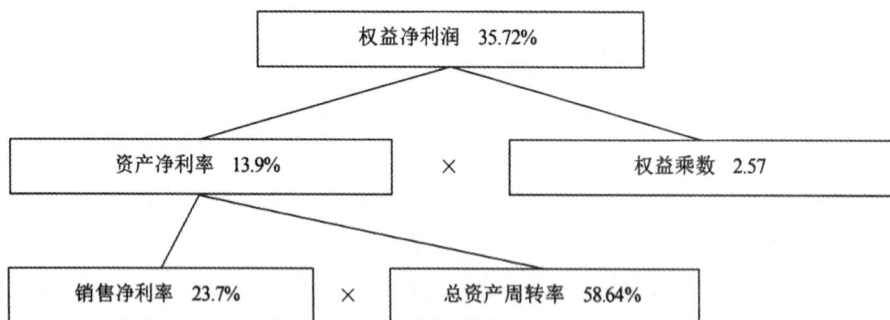

图 9-3　A 组第五年杜邦分析

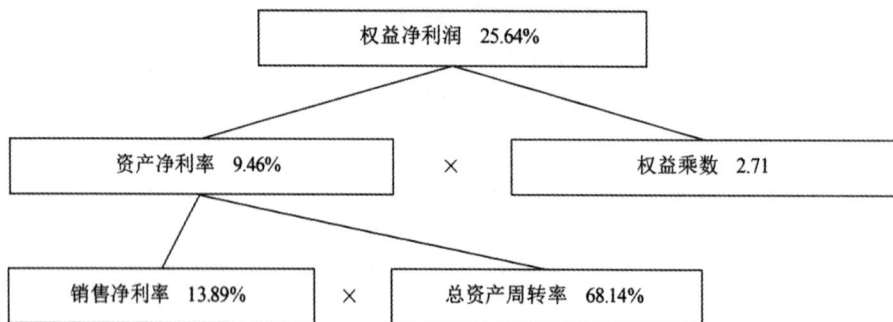

图 9-4　A 组第六年杜邦分析

根据图 9-2～图 9-4 并结合企业运营过程中的数据,可以得出如下结论。

(1)第四年 A 组的权益净利率为 40.96%,为三年之中最高的一年,分析其原因主要如下:第一,由于前三年收入低,项目投资大,经营亏损、资产规模小,自有资金少,建设贷款和流动资金贷款数额大。权益乘数由于负债的增加而增加,财务风险高,但在企业能够偿债的基础上,高负债为企业带来了较高的财务杠杆效应,使权益净利率提高。第二,第四年公司的资产周转率为 86.59%,资产周转速度为三年中最快的,高速的资产周转提高了资金使用效率,减少了资金积压,使权益净利率提高。

(2)第六年 A 组的权益净利率为 25.64%,为三年之中最低的一年,分析其原因如下:第一,第四年开始,企业收入上升,经营获利,资产规模加大,自有资金增加,负债水平相对降低。因此,第六年权益乘数随负债的降低而降低,财务风险相对降低,和高负债带来了较高的财务杠杆效应相比,财务杠杆效应降低,使权益净利率降低。第二,由于第六年企业投资购买厂房,使得资产的结构发生变化,长期资产比重增加,流动资产比重降低。而长期资产投资获利的时间相对较长,投资效益在短期没能全部释放出来,就带来利润增长的幅度与资产总额增加的幅度不一致,因此资产净利率不高。但长远来看,长期资产代表了资产的盈利性,比如,八年经营,企业在后两年将不再支付厂房租金,按规则厂房不计提折旧,这样投资效益将在后面年度逐渐显现。可见,短期来看虽然资产净利率低,但企业对长期资产的投资将带来可持续发展的源动力。第三,第六年由于第四年投资建设的三条 P4 产品生产线折旧的计提使得费用增加,利润降低,带来销售净利率降低,仅为13.89%。但在加速折旧法下,后续经营年度折旧费用将逐渐降低,产能却在增加,销售收入增长,企业在之后的经营活动中销售净利率将会逐步提高。

(3)第五年 A 组的权益净利率为 35.72%,和第四年、第六年相比主要的优势是销售净利率为 23.7%。仔细分析原因主要是第四年投资建设的三条 P4 产品生产线投产带来较高的销售收入,但按经营规则新建生产线在第一年不计提折旧,折旧费用低,利润高,从而带来销售净利率高。

创业者经验分享

创业成功感悟

第一点叫"敢闯敢试"。不管你做什么,一定要有梦想、有目标、敢去做。去做起码有一半的机会,不去做机会是零,所以王健林这些年在各地演讲,经常讲一句话:"什么清华、北大,不如胆子大。"胆子大不是乱干蛮干,但是得有勇气去闯、去试验。

第二是创新求变。你要成功,要想不断成功,还想获得更大的成功,就一定要能够求变、求新,不能走别人走过的路,不能做跟别人一样的事情。凡是跟别人做一样的事情,获得的肯定是平均利润率;只有做跟别人完全不一样的事,才获得超额利润。

第三是坚持到底。创业一开始可能新点子会比较多,但是这点子一开始可能不成熟。新的模式可能在试行当中会遇到困难和挫折,没有实现预期目标。这时候怎么办呢? 如果你经过分析认为自己路子是对的,就需要坚持。王健林经常讲一句话:"过去讲不到黄河心不死,不撞南墙不回头,我是到了黄河心也不死,可能搭一个桥我就过去了;撞了南墙也不回头,找个梯子我就爬过去了。"创业、科研基本上是二八定律,成功是 20% 以内,失败是大多数。但 10%、20% 的成功,会激励我们成为那部分人。

(作者根据相关网络资料整理而成。)

课后重点知识总结

（1）企业融资是指企业从其生产经营现状及资金运用情况出发，根据其未来经营策略与发展需要，经过科学的预测和决策，通过一定渠道，采用一定方式筹集资金的一种财务活动，是企业的基本财务活动，也是企业财务管理的一项重要内容。在 ERP 沙盘模拟企业经营实训中，资金筹集的分析主要包括资金链的计算和融资。

（2）杜邦分析的核心是权益净利率，它反映了企业为所有者创造利润能力的大小，是企业经营结果的综合体现。权益净利率越高，表示企业为所有者创造利润的能力越大。对所有者而言，该指标越高越好。

模块十　模拟企业经营管理报表分析

知识目标

1.熟悉 CEO 所填写的表格内容。
2.熟悉营销人员所填写的表格内容。
3.熟悉生产管理人员所填写的表格内容。
4.熟悉财务人员所填写的表格内容。

能力目标

1.CEO 角色学会填写经营过程记录表。
2.营销人员角色学会填写广告投放汇总表和订单登记表。
3.生产管理人员角色学会填写年度总生产计划、年度投产计划及原材料需求表和原材料采购计划表。
4.财务人员角色学会填写成品核算统计表、综合管理费用明细表、企业年度现金收支预算表、损益表、资产负债表。

思政目标

1.提升团队合作意识。
2.养成认真、负责、积极配合的学习态度。

知识导图

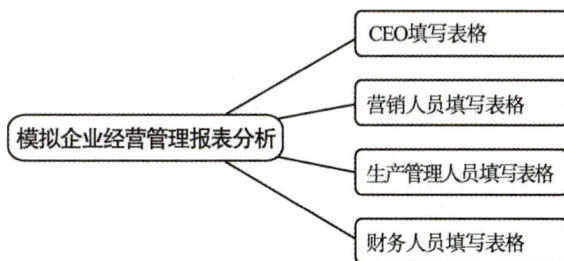

案例导入

年度目标的制订与落实

很多企业年度经营目标决策规律是老板拍脑袋、高层拍胸脯、经理拍屁股(走人)。这种"三拍决策"在产品同质化和市场透明化的今天,年度经营目标完成的计划很难如愿。

岁末年初,经常会听到一些企业老板喊出诸如明年销售目标要确保增长 30%、力争增长 50% 的口号,这只是一种口号,而不是目标,只是企业老板鞭打快牛意识作用下的一厢情愿而已。口号不是目标,倡议不是管理,布置不等于完成。

制定年度目标,切记拍脑袋,年度目标的制定,必须建立在对企业的资源和能力作出准确判断,对行业的发展、竞争趋势作出准确预测的基础之上。年度目标应具体化、体系化。应根据行业发展趋势、业务发展状况、产品竞争状况、区域开拓情况、任务期限,按子公司/事业部/业务单元、产品线、市场区域及年度、季度、月度逐级分解,且必须在各个层面上制定具体的量化目标,以便于跟踪、检查、评估与调整。

企业根据自身状况,确定各考核因素的系数,进行综合考核。明确达到销售目标所需的人力、物力和财力等资源,并对一年内公司资源的变化情况进行预测(替代品的出现、市场规模的增长或萎缩、团队骨干的离职、融资环境的变化等),制定应对市场变化的可行性举措,确保年度销售目标保质保量地完成。

员工思想不一致、步伐不协调,是导致很多企业年度营销计划失败的重要因素。那么企业该如何实现统一思想?统一哪些思想呢?首先,召开团队的领导层会议,明确年度经营目标、组织架构、计划与预算,明确岗位职责与分工,明确经营策略和绩效考核。其次,召开团队管理层会议。针对年度经营计划进行学习和讨论,让大家发表各自的意见,为年度计划出谋划策。最后,召开启动大会或年度誓师大会,对企业年度计划进行学习宣传,使企业的每位员工明确企业的战略目标、企业年度经营目标、自身的岗位职责与任务分工、个人的任务指标、达成目标策略的方法和考核要点等。

(龚其形:《喊得凶、抓得松,年度目标又落空?》,《销售与市场》2021 年 2 月,第 42—43 页,有改动。)

思考:

1. 企业年度目标该如何制定?

2. 企业年度目标该如何做才能得以落实?

一、CEO 填写的表格

CEO 填写经营过程记录表,见表 10-1。

表 10-1　经营过程记录表(CEO 填写)

任务清单 (请按照下列顺序进行各项操作)		每执行完一项操作, CEO 在相应的方格内打"√"			
年初工作	支付所得税	☐			
	制订新年度规划	☐			
	制订广告方案	☐			
	参加订单竞争	☐			

任务清单 （请按照下列顺序进行各项操作）		每执行完一项操作， CEO 在相应的方格内打"√"			
年中各季度工作	更新短期贷款/还本付息/获得新贷款	☐	☐	☐	☐
	更新应付账款/更新应收账款/贴现	☐	☐	☐	☐
	接受并支付已订原料	☐	☐	☐	☐
	下原料订单	☐	☐	☐	☐
	产品研发投资	☐	☐	☐	☐
	更新生产/完工入库	☐	☐	☐	☐
	生产线调整/变卖生产线/购买新设备	☐	☐	☐	☐
	开始新的生产	☐	☐	☐	☐
	交货给客户	☐	☐	☐	☐
	支付行政管理费	☐	☐	☐	☐
年末工作	更新长期贷款/支付利息/获得新贷款				☐
	支付设备维修费				☐
	支付租金/购买厂房				☐
	计提折旧				☐
	新市场开拓/ISO 资格投资				☐
	结账	☐	☐	☐	☐

注：任务清单列出了企业简化的工作流程，也是 ERP 沙盘模拟中企业各项工作需要遵守的执行顺序，包括年初三项工作、年中各季度执行的十项工作和年末需要执行的六项工作。

执行任务时由企业 CEO 主持，团队成员分工合作，有条不紊，每执行完一项任务，由 CEO 在相应的方格内打"√"，作为任务已经完成的标志。

二、营销人员填写的表格

营销人员填写广告投放汇总表和订单登记表，见表 10-2 和表 10-3。

表 10-2　广告投放汇总表(营销人员填写)

产品	本地	区域	国内	亚洲	国际	合计
P1						
P2						
P3						
P4						
合计						

表 10-3　订单登记表(营销人员填写)

订单号	市场	产品	数量	账期	销售额
合计					

三、生产管理人员填写的表格

生产总监或助理填写年度总生产计划和年度投产计划及原材料需求表,见表 10-4 和表 10-5。采购总监或助理填写原材料采购计划表,见表 10-6。

表 10-4　年度总生产计划(生产管理人员填写)

生产线		第一季度	第二季度	第三季度	第四季度
1	产品 P(　)				
2	产品 P(　)				
3	产品 P(　)				
4	产品 P(　)				

续表

	生产线	第一季度	第二季度	第三季度	第四季度
5	产品 P( )				
6	产品 P( )				
7	产品 P( )				
8	产品 P( )				
	合　计				

注:本表用于生产管理人员统计本年各类产品的总产量,以便营销人员根据本企业的产能合理选择订单。

表 10-5　年度投产计划及原材料需求表(生产管理人员填写)

	生产线	第一季度	第二季度	第三季度	第四季度
1	产品				
	材料				
2	产品				
	材料				
3	产品				
	材料				
4	产品				
	材料				
5	产品				
	材料				
6	产品				
	材料				
7	产品				
	材料				
8	产品				
	材料				
合计	产品				
	材料				

表 10-6　原材料采购计划表(生产管理人员填写)

原材料	第一季度	第二季度	第三季度	第四季度	合计
R1 订购数量					
R2 订购数量					
R3 订购数量					
R4 订购数量					

注:本表由生产管理人员根据企业年度投产计划和原材料需求计划填写,表中空格中分别填入该季度需要订购原材料的数量,以便生产管理人员根据批量采购政策合理选择采购订单。

四、财务人员填写的表格

财务总监或财务助理填写成品核算统计表、综合管理费用明细表、企业年度现金收支预算表、损益表,见表 10-7~表 10-10,损益表的填写方法见表 10-11,资产负债表见表 10-12,资产负债表的填写方法见表 10-13。

表 10-7　成品核算统计表(财务人员填写)

产品	数量	销售额	成本	毛利
P1				
P2				
P3				
P4				
合计				

注:P1 产品构成为 $1R1+1M=2M$,所以 1 个 P1 产品的成本为 2M;P2 产品构成为 $1R1+1R2+1M=3M$,所以 1 个 P2 产品的成本为 3M;P3 产品构成为 $2R2+1R3+1M=4M$,所以 1 个 P3 产品的成本为 4M;P4 产品构成为 $1R2+1R3+2R4+1M=5M$,所以 1 个 P4 产品的成本为 5M。

表 10-8　综合管理费用明细表(财务人员填写)

项目	金额	备注
管理费		
广告费		
维修费		
厂房租金		
转产费		

项目	金额	备注
市场准入开拓		□区域□国内□亚洲□国际
ISO 资格认证		□ISO9000　　□ISO14000
产品研发		P2(　)P3(　)P4(　)
其他		
合计		

表 10-9　企业年度现金收支预算表(财务人员填写)

季度	第一季度	第二季度	第三季度	第四季度
年初现金余额				
支付上年应交所得税				
广告投入				
应收账款贴现				
支付贴现费用				
支付短期贷款本息				
支付民间融资本息				
申请短期贷款				
申请高利贷				
应收账款				
应付账款				
产品研发投资				
变卖生产线				
生产线投资				
转产费用				
加工费				
违约金				
支付行政管理费				
支付长期贷款本息				
申请长期贷款				

季度	第一季度	第二季度	第三季度	第四季度
支付设备维护费				
租赁/购买厂房				
新市场开拓				
ISO 资格认证投资				
现金收入总计				
现金支出总计				
年末现金余额				

要点记录

第一季度：

_____

第二季度：

_____

第三季度：

_____

第四季度：

_____

年底小结：

_____

表 10-10　损益表(财务人员填写)

项目	符号	年初余额	年末余额
销售收入	+		
直接成本	—		
毛利	=		
综合费用	—		
折旧前利润	=		
折旧	—		

项目	符号	年初余额	年末余额
支付息税前利润	＝		
财务收入/支出	＋/－		
额外收入/支出	＋/－		
税前利润	＝		
所得税	－		
净利润	＝		

表 10-11 损益表的填写方法

项目	行次	数据来源
销售收入	(1)	产品核算统计表中的销售合计
直接成本	(2)	产品核算统计表中的成本合计
毛利	(3)	(1)－(2)
综合费用	(4)	综合管理费用明细表合计
折旧前利润	(5)	(3)－(4)
折旧	(6)	上年设备价值的1/3向下取整
支付息税前利润	(7)	(5)－(6)
财务收入/支出	(8)	长短贷、贴现、民间融资等收入和支付的利息
额外收入/支出	(9)	出租厂房的收入、销售原材料的收支
税前利润	(10)	(7)±(8)±(9)
所得税	(11)	(10)乘以所得税率
净利润	(12)	(10)－(11)

注:如果前几年净利润为负数,今年的盈利可以用来弥补以前的亏损,可以减除的亏损至多为5年。

表 10-12 资产负债表(财务人员填写)

资产	符号	年初	年末	负债＋权益	符号	年初	年末
固定资产:				负债:			
土地和建筑	＋			长期负债	＋		
机器和设备	＋			短期负债	＋		

资产	符号	年初	年末	负债＋权益	符号	年初	年末
总固定资产	＝			应付账款	＋		
流动资产	＋			应交税	＋		
现金	＋			总负债	＝		
应收账款	＋			所有者权益：			
在制品	＋			股东资本	＋		
成品	＋			利润留存	＋		
原料	＋			年度净利	＋		
总流动资产	＝			所有者权益	＝		
总资产	＝			负债＋权益	＝		

表 10-13　资产负债表的填写方法

资产	数据来源	负债和所有者权益	数据来源
固定资产：		负债：	
土地和建筑	厂房价值之和	长期负债	盘点长期负债
机器与设备	设备价值	短期负债	盘点短期借款
固定资产合计	以上三项之和	应付账款	盘点应付账款
流动资产：		应交税金	利润表的所得税
现金	现金库中的现金	负债合计	以上四项之和
应收账款	盘点各账期应收账款	所有者权益：	
在制品	生产线上的在制品	股东资本	
成品	各成品库中的成品	利润留存	上年利润留存＋上年利润
原料	各原料库中的原料	年度净利	利润表中的净利润
流动资产合计	以上五项之和	所有者权益合计	以上三项之和
资产总计	流动资产＋固定资产	负债和所有者权益总计	负债＋所有者权益

创业者经验分享

宗庆后谈"30余年创业心得"

从白手起家到问鼎中国首富,宗庆后在课堂上声情并茂地讲述了自己的创业之路;从成为校办企业经理首年即靠代销棒冰、冰激凌、汽水、中国花粉口服液、校簿、文具、纸张获得了22万元的利润,并靠帮助保灵公司灌装口服液成为全国校办企业的佼佼者;再到"小鱼吃大鱼"兼并杭州罐头食品厂,形成规模经营,依靠新产品娃哈哈口服液迅速攻城略地,打开全国市场。宗庆后将收购罐头厂视为娃哈哈发展的"关键一步"。他说,"有人认为我们是收了个大包袱,但对我们企业发展来说,兼并是形成规模经济的关键一步。要是没有罐头厂这批员工,娃哈哈也发展不到今天"。宗庆后正是凭借一种勇于探索、敢于开拓的精神闯出了一条新路子。

而谈起创业30余年的心得,宗庆后有以下三点感想。

1.要坚持主业经营,小步快跑,滚动发展。要能够经受住各种诱惑,踏实做好饮料主业,从而实现比较稳健的发展。不做没有能力做的事情,娃哈哈发展到目前没有负债经营也没有贷款,反而有上百亿存款,而且也没有因为有钱而头脑发热乱投资,因此创业以来一直保持了稳健发展的势头。

2.要坚持不断创新,确保领先地位。宗庆后表示,娃哈哈之所以能够保持长期快速发展,很重要的一个体会就是坚持走创新之路,为企业发展提供持久的动力。他说,在企业创业初期实力弱,以跟进创新为主,等企业有实力了就搞引进创新,把国外的技术和产品引进来进行本土化的改造,打开国内市场;而随着全球经济一体化,国内市场的产品与国际市场的已经区别不大,依赖跟进创新和引进创新已经不能取得优势,在这时,娃哈哈开始走上自主创新之路,并取得很大成效。娃哈哈的拳头产品营养快线就是这个时期的产物。"正是通过产品的不断创新,实施了差异化战略,我们避免了与人家的恶性价格竞争,而且这些产品技术含量高,附加值也较高,销售和效益都很好,为企业的持久发展打下了良好的基础。"宗庆后说道。

3.企业家应该有感恩时代、反哺社会的精神。宗庆后说,娃哈哈多年来积极投身各类社会公益事业。在1994年全国支援三峡库区建设,他打心底地认为东部支援西部是义不容辞的责任,因此他力排众议在涪陵进行投资,并带动了当地的经济发展,解决了大量移民的就业问题。截至2019年9月,娃哈哈公益事业累计投入5.8亿元。同时也实现了销地产、产地销,既帮了贫困地区,也促进了自身的发展。

(作者根据相关网络资料整理而成。)

课后重点知识总结

(1)ERP沙盘模拟实训中,需要填写的报表主要有四类:CEO填写的报表、营销人员填写的报表、生产管理人员填写的报表和财务人员填写的报表。

(2)CEO填写的报表有经营过程记录表;营销人员填写的报表有广告投放汇总表和订单登记表;生产管理人员填写的报表有年度总生产计划、年度投产计划及原材料需求表、原材料采购计划表;财务人员填写的报表有核算统计表、综合管理费用明细表、企业年度现金收支预算表、损益表和资产负债表。

附录

附录 A：企业经营过程记录表

起 始 年

企业经营流程 （请按顺序执行下列各项操作）	每执行完一项操作,CEO 请在相应的方格内打勾。 财务总监(助理)在方格中填写现金收支情况。			
新年度规划会议				
参加订货会/登记销售订单				
制定新年度计划				
支付应付税				
季初现金盘点（请填余额）				
更新短期贷款/还本付息/申请短期贷款（高利贷）				
更新应付账款/归还应付账款				
原材料入库/更新原料订单				
下原料订单				
更新生产/完工入库				
投资新生产线/变卖生产线/生产线转产				
向其他企业购买原材料/出售原材料				
开始下一批生产				
更新应收账款/应收账款收现				
出售厂房				
向其他企业购买成品/出售成品				
按订单交货				
产品研发投资				
支付行政管理费				
其他现金收支情况登记				
支付利息/更新长期贷款/申请长期贷款				
支付设备维护费				
支付租金/购买厂房				

企业经营流程 （请按顺序执行下列各项操作）	每执行完一项操作，CEO请在相应的方格内打勾。 财务总监（助理）在方格中填写现金收支情况。			
计提折旧				
新市场开拓/ISO资格认证投资				
结账				
现金收入合计				
现金支出合计				
期末现金对账（请填余额）				

广告投放汇总表

产品	本地	区域	国内	亚洲	国际	合计
P1						
P2						
P3						
P4						
合计						

订单登记表

订单号	市场	产品	数量	账期	销售额
合计					

成品核算统计表

产品	数量	销售额	成本	毛利
P1				
P2				
P3				
P4				
合计				

综合管理费用明细表

项目	金额	备注
管理费		
广告费		
设备维修费		
厂房租金		
转产费		
市场准入开拓		□区域　□国内　□亚洲　□国际
ISO 资格认证		□ISO9000　　□ISO14000
产品研发		P2(　)P3(　)P4(　)
其他		
合计		

年度总生产计划

	生产线	第一季度	第二季度	第三季度	第四季度
1	产品 P(　)				
2	产品 P(　)				
3	产品 P(　)				
4	产品 P(　)				
5	产品 P(　)				
6	产品 P(　)				
7	产品 P(　)				
8	产品 P(　)				
	合计				

年度投产计划及原材料需求表

生产线		第一季度	第二季度	第三季度	第四季度
1	产品				
	材料				
2	产品				
	材料				
3	产品				
	材料				
4	产品				
	材料				
5	产品				
	材料				
6	产品				
	材料				
7	产品				
	材料				
8	产品				
	材料				
合计	产品				
	材料				

原材料采购计划表

原材料	第一季度	第二季度	第三季度	第四季度	合计
R1 订购数量					
R2 订购数量					
R3 订购数量					
R4 订购数量					

企业年度现金收支预算表

季度	第一季度	第二季度	第三季度	第四季度
年初现金余额				
支付上年应交所得税				
广告投入				
应收账款贴现				
支付贴现费用				
支付短期贷款本息				
支付民间融资本息				
申请短期贷款				
申请高利贷				
应收账款				
应付账款				
产品研发投资				
变卖生产线				
生产线投资				
转产费用				
加工费				
违约金				
支付行政管理费				
支付长期贷款本息				
申请长期贷款				
支付设备维护费				
租赁/购买厂房				
新市场开拓				
ISO资格认证投资				
现金收入总计				
现金支出总计				
年末现金余额				

要点记录

第一季度：

_____

_____

第二季度：

_____

_____

第三季度：

_____

_____

第四季度：

_____

_____

年底小结：

_____

_____

损益表

项目	符号	年初余额	年末余额
销售收入	＋		
直接成本	－		
毛利	＝		
综合费用	－		
折旧前利润	＝		
折旧	－		
支付息税前利润	＝		
财务收入／支出	＋／－		
额外收入／支出	＋／－		
税前利润	＝		
所得税	－		
净利润	＝		

资产负债表

资产	符号	年初	年末	负债＋权益	符号	年初	年末
固定资产：				负债：			
土地和建筑	＋			长期负债	＋		
机器和设备	＋			短期负债	＋		
总固定资产	＝			应付账款	＋		
流动资产	＋			应交税	＋		
现金	＋			总负债	＝		
应收账款	＋			所有者权益：			
在制品	＋			股东资本	＋		
成品	＋			利润留存	＋		
原料	＋			年度净利	＋		
总流动资产	＝			所有者权益	＝		
总资产	＝			负债＋权益	＝		

第 一 年

企业经营流程 （请按顺序执行下列各项操作）	每执行完一项操作,CEO请在相应的方格内打勾。 财务总监(助理)在方格中填写现金收支情况。			
新年度规划会议				
参加订货会/登记销售订单				
制定新年度计划				
支付应付税				
季初现金盘点(请填余额)				
更新短期贷款/还本付息/申请短期贷款(高利贷)				
更新应付账款/归还应付账款				
原材料入库/更新原料订单				
下原料订单				
更新生产/完工入库				
投资新生产线/变卖生产线/生产线转产				
向其他企业购买原材料/出售原材料				
开始下一批生产				
更新应收账款/应收账款收现				
出售厂房				
向其他企业购买成品/出售成品				
按订单交货				
产品研发投资				
支付行政管理费				
其他现金收支情况登记				
支付利息/更新长期贷款/申请长期贷款				
支付设备维护费				
支付租金/购买厂房				
计提折旧				

企业经营流程 （请按顺序执行下列各项操作）	每执行完一项操作,CEO请在相应的方格内打勾。 财务总监(助理)在方格中填写现金收支情况。			
新市场开拓/ISO 资格认证投资				
结账				
现金收入合计				
现金支出合计				
期末现金对账（请填余额）				

广告投放汇总表

产品	本地	区域	国内	亚洲	国际	合计
P1						
P2						
P3						
P4						
合计						

订单登记表

订单号	市场	产品	数量	账期	销售额
合计					

成品核算统计表

产品	数量	销售额	成本	毛利
P1				
P2				
P3				
P4				
合计				

综合管理费用明细表

项目	金额	备注
管理费		
广告费		
设备维修费		
厂房租金		
转产费		
市场准入开拓		☐区域　☐国内　☐亚洲　☐国际
ISO 资格认证		☐ISO9000　☐ISO14000
产品研发		P2(　)P3(　)P4(　)
其他		
合计		

年度总生产计划

	生产线	第一季度	第二季度	第三季度	第四季度
1	产品 P(　)				
2	产品 P(　)				
3	产品 P(　)				
4	产品 P(　)				
5	产品 P(　)				
6	产品 P(　)				
7	产品 P(　)				
8	产品 P(　)				
合计					

年度投产计划及原材料需求表

生产线		第一季度	第二季度	第三季度	第四季度
1	产 品				
	材 料				
2	产 品				
	材 料				
3	产 品				
	材 料				
4	产 品				
	材 料				
5	产 品				
	材 料				
6	产 品				
	材 料				
7	产 品				
	材 料				
8	产 品				
	材 料				
合 计	产 品				
	材 料				

原材料采购计划表

原材料	第一季度	第二季度	第三季度	第四季度	合 计
R1 订购数量					
R2 订购数量					
R3 订购数量					
R4 订购数量					

企业年度现金收支预算表

季度	第一季度	第二季度	第三季度	第四季度
年初现金余额				
支付上年应交所得税				
广告投入				
应收账款贴现				
支付贴现费用				
支付短期贷款本息				
支付民间融资本息				
申请短期贷款				
申请高利贷				
应收账款				
应付账款				
产品研发投资				
变卖生产线				
生产线投资				
转产费用				
加工费				
违约金				
支付行政管理费				
支付长期贷款本息				
申请长期贷款				
支付设备维护费				
租赁/购买厂房				
新市场开拓				
ISO 资格认证投资				
现金收入总计				
现金支出总计				
年末现金余额				

要点记录

第一季度：

_____

_____

第二季度：

_____

_____

第三季度：

_____

_____

第四季度：

_____

_____

年底小结：

_____

_____

损益表

项目	符号	年初余额	年末余额
销售收入	＋		
直接成本	－		
毛利	＝		
综合费用	－		
折旧前利润	＝		
折旧	－		
支付息税前利润	＝		
财务收入／支出	＋／－		
额外收入／支出	＋／－		
税前利润	＝		
所得税	－		
净利润	＝		

资产负债表

资产	符号	年初	年末	负债＋权益	符号	年初	年末
固定资产：				负债：			
土地和建筑	＋			长期负债	＋		
机器和设备	＋			短期负债	＋		
总固定资产	＝			应付账款	＋		
流动资产	＋			应交税	＋		
现金	＋			总负债	＝		
应收账款	＋			所有者权益：			
在制品	＋			股东资本	＋		
成品	＋			利润留存	＋		
原料	＋			年度净利	＋		
总流动资产	＝			所有者权益	＝		
总资产	＝			负债＋权益	＝		

第　二　年

企业经营流程 （请按顺序执行下列各项操作）	每执行完一项操作,CEO 请在相应的方格内打勾。 财务总监(助理)在方格中填写现金收支情况。			
新年度规划会议				
参加订货会/登记销售订单				
制定新年度计划				
支付应付税				
季初现金盘点(请填余额)				
更新短期贷款/还本付息/申请短期贷款(高利贷)				
更新应付账款/归还应付账款				
原材料入库/更新原料订单				
下原料订单				
更新生产/完工入库				
投资新生产线/变卖生产线/生产线转产				
向其他企业购买原材料/出售原材料				
开始下一批生产				
更新应收账款/应收账款收现				
出售厂房				
向其他企业购买成品/出售成品				
按订单交货				
产品研发投资				
支付行政管理费				
其他现金收支情况登记				
支付利息/更新长期贷款/申请长期贷款				
支付设备维护费				
支付租金/购买厂房				
计提折旧				

企业经营流程 （请按顺序执行下列各项操作）	每执行完一项操作,CEO请在相应的方格内打勾。 财务总监(助理)在方格中填写现金收支情况。			
新市场开拓/ISO 资格认证投资				
结账				
现金收入合计				
现金支出合计				
期末现金对账(请填余额)				

广告投放汇总表

产品	本地	区域	国内	亚洲	国际	合计
P1						
P2						
P3						
P4						
合计						

订单登记表

订单号	市场	产品	数量	账期	销售额
合计					

成品核算统计表

产品	数量	销售额	成本	毛利
P1				
P2				
P3				
P4				
合计				

综合管理费用明细表

项目	金额	备注
管理费		
广告费		
维修费		
厂房租金		
转产费		
市场准入开拓		□区域　□国内　□亚洲　□国际
ISO资格认证		□ISO9000　　□ISO14000
产品研发		P2(　)P3(　)P4(　)
其他		
合计		

年度总生产计划

生产线		第一季度	第二季度	第三季度	第四季度
1	产品P(　)				
2	产品P(　)				
3	产品P(　)				
4	产品P(　)				
5	产品P(　)				
6	产品P(　)				
7	产品P(　)				
8	产品P(　)				
合计					

年度投产计划及原材料需求表

生产线		第一季度	第二季度	第三季度	第四季度
1	产品				
	材料				
2	产品				
	材料				
3	产品				
	材料				
4	产品				
	材料				
5	产品				
	材料				
6	产品				
	材料				
7	产品				
	材料				
8	产品				
	材料				
合计	产品				
	材料				

原材料采购计划表

原材料	第一季度	第二季度	第三季度	第四季度	合计
R1 订购数量					
R2 订购数量					
R3 订购数量					
R4 订购数量					

企业年度现金收支预算表

季度	第一季度	第二季度	第三季度	第四季度
年初现金余额				
支付上年应交所得税				
广告投入				
应收账款贴现				
支付贴现费用				
支付短期贷款本息				
支付民间融资本息				
申请短期贷款				
申请高利贷				
应收账款				
应付账款				
产品研发投资				
变卖生产线				
生产线投资				
转产费用				
加工费				
违约金				
支付行政管理费				
支付长期贷款本息				
申请长期贷款				
支付设备维护费				
租赁/购买厂房				
新市场开拓				
ISO 资格认证投资				
现金收入总计				
现金支出总计				
年末现金余额				

要点记录

第一季度：

_____

_____

第二季度：

_____

_____

第三季度：

_____

_____

第四季度：

_____

_____

年底小结：

_____

损益表

项目	符号	年初余额	年末余额
销售收入	＋		
直接成本	－		
毛利	＝		
综合费用	－		
折旧前利润	＝		
折旧	－		
支付息税前利润	＝		
财务收入／支出	＋／－		
额外收入／支出	＋／－		
税前利润	＝		
所得税	－		
净利润	＝		

资产负债表

资产	符号	年初	年末	负债＋权益	符号	年初	年末
固定资产：				负债：			
土地和建筑	＋			长期负债	＋		
机器和设备	＋			短期负债	＋		
总固定资产	＝			应付账款	＋		
流动资产	＋			应交税	＋		
现金	＋			总负债	＝		
应收账款	＋			所有者权益：			
在制品	＋			股东资本	＋		
成品	＋			利润留存	＋		
原料	＋			年度净利	＋		
总流动资产	＝			所有者权益	＝		
总资产	＝			负债＋权益	＝		

第 三 年

企业经营流程 （请按顺序执行下列各项操作）	每执行完一项操作，CEO请在相应的方格内打勾。 财务总监（助理）在方格中填写现金收支情况。			
新年度规划会议				
参加订货会/登记销售订单				
制定新年度计划				
支付应付税				
季初现金盘点（请填余额）				
更新短期贷款/还本付息/申请短期贷款（高利贷）				
更新应付账款/归还应付账款				
原材料入库/更新原料订单				
下原料订单				
更新生产/完工入库				
投资新生产线/变卖生产线/生产线转产				
向其他企业购买原材料/出售原材料				
开始下一批生产				
更新应收账款/应收账款收现				
出售厂房				
向其他企业购买成品/出售成品				
按订单交货				
产品研发投资				
支付行政管理费				
其他现金收支情况登记				
支付利息/更新长期贷款/申请长期贷款				
支付设备维护费				
支付租金/购买厂房				
计提折旧				

企业经营流程 （请按顺序执行下列各项操作）	每执行完一项操作，CEO 请在相应的方格内打勾。 财务总监（助理）在方格中填写现金收支情况。			
新市场开拓/ISO 资格认证投资				
结账				
现金收入合计				
现金支出合计				
期末现金对账（请填余额）				

广告投放汇总表

产品	本地	区域	国内	亚洲	国际	合计
P1						
P2						
P3						
P4						
合计						

订单登记表

订单号	市场	产品	数量	账期	销售额
合计					

成品核算统计表

产品	数量	销售额	成本	毛利
P1				
P2				
P3				
P4				
合计				

综合管理费用明细表

项目	金额	备注
管理费		
广告费		
维修费		
厂房租金		
转产费		
市场准入开拓		□区域　□国内　□亚洲　□国际
ISO 资格认证		□ISO9000　　□ISO14000
产品研发		P2（　）P3（　）P4（　）
其他		
合计		

年度总生产计划

	生产线	第一季度	第二季度	第三季度	第四季度
1	产品 P（　）				
2	产品 P（　）				
3	产品 P（　）				
4	产品 P（　）				
5	产品 P（　）				
6	产品 P（　）				
7	产品 P（　）				
8	产品 P（　）				
合计					

年度投产计划及原材料需求表

生产线		第一季度	第二季度	第三季度	第四季度
1	产品				
	材料				
2	产品				
	材料				
3	产品				
	材料				
4	产品				
	材料				
5	产品				
	材料				
6	产品				
	材料				
7	产品				
	材料				
8	产品				
	材料				
合计	产品				
	材料				

原材料采购计划表

原材料	第一季度	第二季度	第三季度	第四季度	合计
R1 订购数量					
R2 订购数量					
R3 订购数量					
R4 订购数量					

企业年度现金收支预算表

季度	第一季度	第二季度	第三季度	第四季度
年初现金余额				
支付上年应交所得税				
广告投入				
应收账款贴现				
支付贴现费用				
支付短期贷款本息				
支付民间融资本息				
申请短期贷款				
申请高利贷				
应收账款				
应付账款				
产品研发投资				
变卖生产线				
生产线投资				
转产费用				
加工费				
违约金				
支付行政管理费				
支付长期贷款本息				
申请长期贷款				
支付设备维护费				
租赁/购买厂房				
新市场开拓				
ISO 资格认证投资				
现金收入总计				
现金支出总计				
年末现金余额				

要点记录

第一季度：

_____

第二季度：

_____

第三季度：

_____

第四季度：

_____

年底小结：

_____

损益表

项目	符号	年初余额	年末余额
销售收入	＋		
直接成本	－		
毛利	＝		
综合费用	－		
折旧前利润	＝		
折旧	－		
支付息税前利润	＝		
财务收入/支出	＋/－		
额外收入/支出	＋/－		
税前利润	＝		
所得税	－		
净利润	＝		

资产负债表

资产	符号	年初	年末	负债＋权益	符号	年初	年末
固定资产：				负债：			
土地和建筑	＋			长期负债	＋		
机器和设备	＋			短期负债	＋		
总固定资产	＝			应付账款	＋		
流动资产	＋			应交税	＋		
现金	＋			总负债	＝		
应收账款	＋			所有者权益：			
在制品	＋			股东资本	＋		
成品	＋			利润留存	＋		
原料	＋			年度净利	＋		
总流动资产	＝			所有者权益	＝		
总资产	＝			负债＋权益	＝		

第 四 年

企业经营流程 （请按顺序执行下列各项操作）	每执行完一项操作,CEO请在相应的方格内打勾。 财务总监(助理)在方格中填写现金收支情况。			
新年度规划会议				
参加订货会/登记销售订单				
制定新年度计划				
支付应付税				
季初现金盘点(请填余额)				
更新短期贷款/还本付息/申请短期贷款(高利贷)				
更新应付账款/归还应付账款				
原材料入库/更新原料订单				
下原料订单				
更新生产/完工入库				
投资新生产线/变卖生产线/生产线转产				
向其他企业购买原材料/出售原材料				
开始下一批生产				
更新应收账款/应收账款收现				
出售厂房				
向其他企业购买成品/出售成品				
按订单交货				
产品研发投资				
支付行政管理费				
其他现金收支情况登记				
支付利息/更新长期贷款/申请长期贷款				
支付设备维护费				
支付租金/购买厂房				
计提折旧				

续表

企业经营流程 （请按顺序执行下列各项操作）	每执行完一项操作,CEO请在相应的方格内打勾。 财务总监(助理)在方格中填写现金收支情况。			
新市场开拓/ISO 资格认证投资				
结账				
现金收入合计				
现金支出合计				
期末现金对账（请填余额）				

广告投放汇总表

产品	本地	区域	国内	亚洲	国际	合计
P1						
P2						
P3						
P4						
合计						

订单登记表

订单号	市场	产品	数量	账期	销售额
合计					

成品核算统计表

产品	数量	销售额	成本	毛利
P1				
P2				
P3				
P4				
合 计				

综合管理费用明细表

项目	金额	备注
管理费		
广告费		
维修费		
厂房租金		
转产费		
市场准入开拓		□区域　□国内　□亚洲　□国际
ISO 资格认证		□ISO9000　　□ISO14000
产品研发		P2(　)P3(　)P4(　)
其他		
合 计		

年度总生产计划

生产线		第一季度	第二季度	第三季度	第四季度
1	产品 P(　)				
2	产品 P(　)				
3	产品 P(　)				
4	产品 P(　)				
5	产品 P(　)				
6	产品 P(　)				
7	产品 P(　)				
8	产品 P(　)				
合 计					

年度投产计划及原材料需求表

生产线		第一季度	第二季度	第三季度	第四季度
1	产品				
	材料				
2	产品				
	材料				
3	产品				
	材料				
4	产品				
	材料				
5	产品				
	材料				
6	产品				
	材料				
7	产品				
	材料				
8	产品				
	材料				
合计	产品				
	材料				

原材料采购计划表

原材料	第一季度	第二季度	第三季度	第四季度	合计
R1 订购数量					
R2 订购数量					
R3 订购数量					
R4 订购数量					

企业年度现金收支预算表

季度	第一季度	第二季度	第三季度	第四季度
年初现金余额				
支付上年应交所得税				
广告投入				
应收账款贴现				
支付贴现费用				
支付短期贷款本息				
支付民间融资本息				
申请短期贷款				
申请高利贷				
应收账款				
应付账款				
产品研发投资				
变卖生产线				
生产线投资				
转产费用				
加工费				
违约金				
支付行政管理费				
支付长期贷款本息				
申请长期贷款				
支付设备维护费				
租赁/购买厂房				
新市场开拓				
ISO 资格认证投资				
现金收入总计				
现金支出总计				
年末现金余额				

要点记录

第一季度：

_____

_____

第二季度：

_____

_____

第三季度：

_____

_____

第四季度：

_____

_____

年底小结：

_____

损益表

项目	符号	年初余额	年末余额
销售收入	＋		
直接成本	－		
毛利	＝		
综合费用	－		
折旧前利润	＝		
折旧	－		
支付息税前利润	＝		
财务收入／支出	＋／－		
额外收入／支出	＋／－		
税前利润	＝		
所得税	－		
净利润	＝		

资产负债表

资产	符号	年初	年末	负债＋权益	符号	年初	年末
固定资产：				负债：			
土地和建筑	＋			长期负债	＋		
机器和设备	＋			短期负债	＋		
总固定资产	＝			应付账款	＋		
流动资产	＋			应交税	＋		
现金	＋			总负债	＝		
应收账款	＋			所有者权益：			
在制品	＋			股东资本	＋		
成品	＋			利润留存	＋		
原料	＋			年度净利	＋		
总流动资产	＝			所有者权益	＝		
总资产	＝			负债＋权益	＝		

第 五 年

企业经营流程 （请按顺序执行下列各项操作）	每执行完一项操作，CEO请在相应的方格内打勾。 财务总监（助理）在方格中填写现金收支情况。			
新年度规划会议				
参加订货会/登记销售订单				
制定新年度计划				
支付应付税				
季初现金盘点（请填余额）				
更新短期贷款/还本付息/申请短期贷款（高利贷）				
更新应付账款/归还应付账款				
原材料入库/更新原料订单				
下原料订单				
更新生产/完工入库				
投资新生产线/变卖生产线/生产线转产				
向其他企业购买原材料/出售原材料				
开始下一批生产				
更新应收账款/应收账款收现				
出售厂房				
向其他企业购买成品/出售成品				
按订单交货				
产品研发投资				
支付行政管理费				
其他现金收支情况登记				
支付利息/更新长期贷款/申请长期贷款				
支付设备维护费				
支付租金/购买厂房				
计提折旧				

企业经营流程 （请按顺序执行下列各项操作）	每执行完一项操作,CEO 请在相应的方格内打勾。 财务总监(助理)在方格中填写现金收支情况。			
新市场开拓/ISO 资格认证投资				
结账				
现金收入合计				
现金支出合计				
期末现金对账(请填余额)				

广告投放汇总表

产品	本地	区域	国内	亚洲	国际	合计
P1						
P2						
P3						
P4						
合计						

订单登记表

订单号	市场	产品	数量	账期	销售额
合计					

成品核算统计表

产品	数量	销售额	成本	毛利
P1				
P2				
P3				
P4				
合计				

综合管理费用明细表

项目	金额	备注
管理费		
广告费		
维修费		
厂房租金		
转产费		
市场准入开拓		□区域　□国内　□亚洲　□国际
ISO 资格认证		□ISO9000　　□ISO14000
产品研发		P2（　）P3（　）P4（　）
其他		
合计		

年度总生产计划

	生产线	第一季度	第二季度	第三季度	第四季度
1	产品 P（　）				
2	产品 P（　）				
3	产品 P（　）				
4	产品 P（　）				
5	产品 P（　）				
6	产品 P（　）				
7	产品 P（　）				
8	产品 P（　）				
	合计				

年度投产计划及原材料需求表

生产线		第一季度	第二季度	第三季度	第四季度
1	产品				
	材料				
2	产品				
	材料				
3	产品				
	材料				
4	产品				
	材料				
5	产品				
	材料				
6	产品				
	材料				
7	产品				
	材料				
8	产品				
	材料				
合计	产品				
	材料				

原材料采购计划表

原材料	第一季度	第二季度	第三季度	第四季度	合计
R1 订购数量					
R2 订购数量					
R3 订购数量					
R4 订购数量					

企业年度现金收支预算表

季度	第一季度	第二季度	第三季度	第四季度
年初现金余额				
支付上年应交所得税				
广告投入				
应收账款贴现				
支付贴现费用				
支付短期贷款本息				
支付民间融资本息				
申请短期贷款				
申请高利贷				
应收账款				
应付账款				
产品研发投资				
变卖生产线				
生产线投资				
转产费用				
加工费				
违约金				
支付行政管理费				
支付长期贷款本息				
申请长期贷款				
支付设备维护费				
租赁/购买厂房				
新市场开拓				
ISO资格认证投资				
现金收入总计				
现金支出总计				
年末现金余额				

要点记录

第一季度：

_____

_____

第二季度：

_____

_____

第三季度：

_____

_____

第四季度：

_____

_____

年底小结：

_____

_____

损益表

项目	符号	年初余额	年末余额
销售收入	＋		
直接成本	－		
毛利	＝		
综合费用	－		
折旧前利润	＝		
折旧	－		
支付息税前利润	＝		
财务收入/支出	＋/－		
额外收入/支出	＋/－		
税前利润	＝		
所得税	－		
净利润	＝		

资产负债表

资产	符号	年初	年末	负债＋权益	符号	年初	年末
固定资产：				负债：			
土地和建筑	＋			长期负债	＋		
机器和设备	＋			短期负债	＋		
总固定资产	＝			应付账款	＋		
流动资产	＋			应交税	＋		
现金	＋			总负债	＝		
应收账款	＋			所有者权益：			
在制品	＋			股东资本	＋		
成品	＋			利润留存	＋		
原料	＋			年度净利	＋		
总流动资产	＝			所有者权益	＝		
总资产	＝			负债＋权益	＝		

第 六 年

企业经营流程 （请按顺序执行下列各项操作）	每执行完一项操作,CEO请在相应的方格内打勾。 财务总监(助理)在方格中填写现金收支情况。			
新年度规划会议				
参加订货会/登记销售订单				
制定新年度计划				
支付应付税				
季初现金盘点(请填余额)				
更新短期贷款/还本付息/申请短期贷款(高利贷)				
更新应付账款/归还应付账款				
原材料入库/更新原料订单				
下原料订单				
更新生产/完工入库				
投资新生产线/变卖生产线/生产线转产				
向其他企业购买原材料/出售原材料				
开始下一批生产				
更新应收账款/应收账款收现				
出售厂房				
向其他企业购买成品/出售成品				
按订单交货				
产品研发投资				
支付行政管理费				
其他现金收支情况登记				
支付利息/更新长期贷款/申请长期贷款				
支付设备维护费				
支付租金/购买厂房				
计提折旧				

企业经营流程 （请按顺序执行下列各项操作）	每执行完一项操作,CEO请在相应的方格内打勾。 财务总监(助理)在方格中填写现金收支情况。			
新市场开拓/ISO资格认证投资				
结账				
现金收入合计				
现金支出合计				
期末现金对账(请填余额)				

广告投放汇总表

产品	本地	区域	国内	亚洲	国际	合计
P1						
P2						
P3						
P4						
合计						

订单登记表

订单号	市场	产品	数量	账期	销售额
合计					

成品核算统计表

产品	数量	销售额	成本	毛利
P1				
P2				
P3				
P4				
合计				

综合管理费用明细表

项目	金额	备注
管理费		
广告费		
维修费		
厂房租金		
转产费		
市场准入开拓		☐区域　☐国内　☐亚洲　☐国际
ISO 资格认证		☐ISO9000　☐ISO14000
产品研发		P2( )P3( )P4( )
其他		
合计		

年度总生产计划

	生产线	第一季度	第二季度	第三季度	第四季度
1	产品 P( )				
2	产品 P( )				
3	产品 P( )				
4	产品 P( )				
5	产品 P( )				
6	产品 P( )				
7	产品 P( )				
8	产品 P( )				
	合计				

年度投产计划及原材料需求表

生产线		第一季度	第二季度	第三季度	第四季度
1	产品				
	材料				
2	产品				
	材料				
3	产品				
	材料				
4	产品				
	材料				
5	产品				
	材料				
6	产品				
	材料				
7	产品				
	材料				
8	产品				
	材料				
合计	产品				
	材料				

原材料采购计划表

原材料	第一季度	第二季度	第三季度	第四季度	合计
R1 订购数量					
R2 订购数量					
R3 订购数量					
R4 订购数量					

企业年度现金收支预算表

季度	第一季度	第二季度	第三季度	第四季度
年初现金余额				
支付上年应交所得税				
广告投入				
应收账款贴现				
支付贴现费用				
支付短期贷款本息				
支付民间融资本息				
申请短期贷款				
申请高利贷				
应收账款				
应付账款				
产品研发投资				
变卖生产线				
生产线投资				
转产费用				
加工费				
违约金				
支付行政管理费				
支付长期贷款本息				
申请长期贷款				
支付设备维护费				
租赁/购买厂房				
新市场开拓				
ISO 资格认证投资				
现金收入总计				
现金支出总计				
年末现金余额				

要点记录

第一季度：

_____

_____

第二季度：

_____

_____

第三季度：

_____

_____

第四季度：

_____

_____

年底小结：

_____

_____

损益表

项目	符号	年初余额	年末余额
销售收入	＋		
直接成本	－		
毛利	＝		
综合费用	－		
折旧前利润	＝		
折旧	－		
支付息税前利润	＝		
财务收入／支出	＋／－		
额外收入／支出	＋／－		
税前利润	＝		
所得税	－		
净利润	＝		

资产负债表

资产	符号	年初	年末	负债＋权益	符号	年初	年末
固定资产：				负债：			
土地和建筑	＋			长期负债	＋		
机器和设备	＋			短期负债	＋		
总固定资产	＝			应付账款	＋		
流动资产	＋			应交税	＋		
现金	＋			总负债	＝		
应收账款	＋			所有者权益：			
在制品	＋			股东资本	＋		
成品	＋			利润留存	＋		
原料	＋			年度净利	＋		
总流动资产	＝			所有者权益	＝		
总资产	＝			负债＋权益	＝		

附录 B:关于举办"新道杯"第五届浙江省大学生企业经营沙盘模拟竞赛的通知(2020 年)

各高等院校:

为提高大学生企业管理综合运营能力,推动我省创新创业教育发展,提高人才培养质量,经研究,决定举办"新道杯"第五届浙江省大学生企业经营沙盘模拟竞赛。现将有关事项通知如下:

一、参赛对象

参赛对象为浙江省普通本科院校(包括独立学院)、高职高专全日制在校大学生,每所院校选拔推荐不超过 4 支代表队参赛(竞赛承办院校选拔推荐不超过 5 支代表队参赛)。

参赛选手采取团队方式报名,每支参赛队由 3 名选手及最多 2 名指导教师组成。参赛学生不限年级、不限专业。

二、竞赛内容

大学生企业经营沙盘模拟竞赛将每个参赛队伍作为一个经营团队,每个团队分设总经理、财务总监、运营总监 3 个岗位,各团队模拟一个制造型企业,在仿真的竞争市场环境中,通过分岗位角色扮演,连续从事 5 个会计年度的模拟企业经营活动。

内容包括从战略层面进行内部资源与外部环境评估、长中短期策略制定、市场趋势预测及既定战略调整;从财务层面进行投资计划制定、掌握资金来源及用途,妥善控制成本,编制及分析财务报表;从运营层面进行产品研发决策、生产采购流程决策、库存管理、产销结合匹配市场需求;从营销层面进行市场开发决策、新产品开发、产品组合与市场决策定位。

在竞赛中,参赛学生将遇到企业经营中常出现的各种典型问题以及市场中各种情况。参赛学生需要发现机遇,分析问题,制定决策,并且加以执行,解决问题,从而实现企业盈利及可持续发展。

三、竞赛方式

1.组织方法

由于疫情防控的需要,本次竞赛采取线上方式进行,各参赛院校根据竞赛要求完成竞赛场地配置,且提供两名老师作为裁判(其中 1 名至少担当过 1 次校赛以上级别大赛的裁判),裁判采取回避原则进行交叉分配。竞赛分为本科组及高职组,每个竞赛分赛区进行,根据参赛报名队数,设定赛区数,每个赛区规模根据报名情况确定,每支参赛队由抽签决定所在赛区,每个赛区仅允许同一院校的一支代表队参赛。

2.评分方法

竞赛分为本科组及高职组,均分为线上模拟及答辩两个部分。

最终得分:现场模拟经营成绩占 70%,答辩成绩占 30%。

(1)线上模拟经营得分

竞赛以第 5 年竞争结束关账后软件统计分数扣除罚分为线上模拟经营得分,每个赛区按该得分高低进行排序。

线上模拟经营及答辩环节均折算成百分制,规则如下:

$$线上模拟经营得分=(该组经营得分/赛区经营最高分)×100$$

(2)答辩得分

线上模拟经营成绩排名前 23%的队伍参加线上答辩,答辩时间不超过 12 分钟,其中选手陈述环节不超过 7 分钟,问答环节不超过 5 分钟。

答辩环节评审标准:

评分项目	内容	得分(总分 100)
公司总体战略及相关运营策略的制定	比赛前: 制定战略、策略的依据 制定什么样的公司战略 如何根据战略制定合理的策略及计划	15
比赛期间战略、策略的执行及风险控制	比赛期间: 如何贯彻执行策略及应对策略变化 如何进行竞争对手分析 如何进行风险控制 如何应对市场变化	30
比赛期间具体操作及团队协同能力	资金是否短缺 产能是否合理 库存是否合理 团队如何协同	20
整体运营特色及比赛得失总结	竞赛经营过程中的成功、特色之处 竞赛经营过程中的失败之处	15
答辩整体逻辑及清晰程度	理论知识的合理运用 答辩整体逻辑性、回答问题的清晰程度	20

计算每个团队中专家评分和该团队平均分的差值,差值与该团队平均分比率为误差,如果误差小于 15%则该评委的分数有效,否则该评委的分数无效,取所有有效分数的平均值为该团队的答辩成绩。

3.奖项设置

根据省教育厅规定,获奖比例不超过:一等奖 8%,二等奖 15%,三等奖 25%,破产的队伍没有获奖机会。大赛设立优秀组织奖和优秀指导教师奖,对积极组织学生参与竞赛的学校和指导教师给予表彰。各参赛队伍的最终获奖等级将由竞赛委员会确定后公布。

四、竞赛规程

(一)运行平台

本次大赛采用新道科技股份有限公司技术支持的"企业经营沙盘模拟竞赛专用系统"(以下简称"系统"),所有的决策和推演在"系统"中确定,最终结果以"系统"为准。

(二)相关事项

参赛院校为每个参赛队提供 2 台电脑和录屏软件,其中仅一台电脑连入比赛系统,另一台电脑备用。比赛过程中学生端必须启动录屏文件,全程录制经营过程,中间不允许暂停。一旦发生问题,以录屏结果为证。如果擅自停止录屏过程,按系统的实际运行状态执行。

比赛期间带队老师不允许进入赛场;电脑仅限于作为系统运行平台,比赛期间不得使用任何手段与外界联系,否则取消参赛资格;不允许带存储设备(U盘、移动硬盘等),不允许携带任何辅助竞赛的工具,所需工具只能现场制作。

比赛时间以本赛区所用服务器上时间为准,赛前选手可以按照服务器时间调整自己电脑上的时间。

企业运营流程建议按照系统中的流程执行,比赛期间不能还原。

本次大赛的模拟经营时间为 5 年。每年经营结束后,各参赛队需要在系统中填制"资产负债表""综合费用表""利润表"。如果不填,则视同报表错误一次,并扣分(详见罚分规则),但不影响经营。此次比赛不需要交纸质报表给裁判核对。

(三)选单规则

在一个回合中,每投放 10W(最小得单广告额,非固定参数)广告费理论上将获得一次选单机会,此后每增加 20W(最小得单广告额 2 倍)理论上多一次选单机会。如:本地 P1 投入 30W 表示最多有两次选单机会,但实际选次数取决于市场需求及竞争态势。投入 49W 也是两次选单机会,不过可以比投入 30W 优先选单。

投放广告,只有裁判宣布的最晚时间,没有最早时间。即小组在系统里当年经营结束后即可马上投放下一年的广告。

选单时首先以当年本市场本产品广告额投放大小顺序依次选单;如果两队本市场本产品广告额相同,则看本市场广告投放总额;如果本市场广告总额也相同,则看上年本市场销售排名;如仍无法决定,先投广告者先选单。第一年无订单。

选单时,各队需要关注市场的选单进展,一个市场结束,下一个市场立即开始选单,选单时各队需要点击相应的市场按钮(如"本地"),某一市场选单结束,系统不会自动跳到其他市场。

注意:

出现确认框要在倒计时大于 5 秒时按下确认按钮,否则可能造成选单无效,责任自负;

在某细分市场(如本地 P1)有多次选单机会,只要放弃一次,则视同放弃该细分市场所有选单机会;选单时各队一台电脑连接入网;本次比赛无市场老大。

(四)竞单规则

竞单会(在第3年和第5年订货会后,召开竞单会。系统一次同时放3张订单)

参与竞标的订单标明了订单编号、市场、产品、数量、ISO要求等,而总价、交货期、账期三项为空。竞标订单的相关要求说明如下。

(1)竞单资质

参与投标的公司需要有相应市场、ISO认证的资质,但不必有生产资格。

中标的公司需为该单支付标书费(等于最小得单广告额),计入广告费。

(如果已竞得单数+本次同时竞单数)×最小得单广告额>现金余额,则不能再竞。即必须有一定现金库存作为保证金。假设最小得单广告额为10,如果同时竞3张订单,库存现金为54W,已经竞得3张订单,扣除了30W标书费,还剩余24W库存现金,则不能继续参与竞单,因为万一再竞得3张,24W库存现金不足支付标书费30W。

为防止恶意竞单,对竞得订单数量进行限制,如果[某队已竞得订单数>ROUND(3×该年竞单总数/参赛队数)],则不能继续竞单。

提请注意:

- ROUND表示四舍五入;
- 如上式为等于,可以继续参与竞单;
- 参赛队数指经营中的队伍,破产退出经营则不算其内。

如某年竞单,共有40张,20队参与竞单,当一队已经得到7张订单,因为7>ROUND(3×40/20),所以不能继续竞单;但如果已经竞得6张订单,可以继续参与。

(2)竞单过程

参与竞单的公司须根据所投标的订单,在系统规定时间(90秒,以倒计时秒形式显示)填写总价、交货期、账期三项内容,确认后由系统按照:

$$得分=100+(5-交货期)×2+应收账期-8×总价/(该产品直接成本×数量)$$

以得分最高者中标。如果计算分数相同,则先提交者中标。

提请注意:

- 总价不能低于(可以等于)成本价,也不能高于(可以等于)成本价的三倍;
- 必须为竞单留足时间,如在倒计时小于等于5秒再提交,可能无效,责任自负;
- 竞得订单与选中订单一样,算市场销售额。

(五)订单交货

订单必须在规定季或提前交货,应收账期从交货季开始算起。应收款收回系统自动完成,不需要各队填写收回金额。

(六)违约问题

所有订单要求在本年度内完成(不可以部分交货),可以提前交货,不可以推迟,如订单规定3季交货,可以在第一或第二或第三季交货,不可以在第四季交货,应收账期从实际交货季算起。如果订单没有完成,则视为违约订单,按下列条款加以处罚:

(1)分别按违约订单销售总额的 20％（四舍五入）计算违约金，并在当年第四季度结束后扣除，违约金记入"损失"。

(2)违约订单一律收回。

（七）罚分细则

(1)运行超时扣分

运行超时有两种情况：一是指不能在规定时间完成广告投放（可提前投广告）；二是指不能在规定时间完成当年经营（以点击系统中"当年结束"按钮并确认为准）。

处罚：按总分 50 分/分钟（不满一分钟按一分钟计算）计算罚分，最多不能超过 10 分钟。如果到 10 分钟后还不能完成相应的运行，将取消其参赛资格。

注意：投放广告时间、完成经营时间及提交报表时间系统均会记录，作为扣分依据。

(2)报表错误扣分

必须按规定时间在系统中填制资产负债表，如果上交的报表与系统自动生成的报表对照有误，在总得分中扣罚 250 分/次，并以系统提供的报表为准修订。

注意：对上交报表时间要做规定，延误交报表即视为错误一次，即使后来在系统中填制正确也要扣分。由运营超时引发延误交报表视同报表错误并扣分（如果某队超时 3 分钟，将被扣除 $50×3+250＝400$ 分）。

(3)其他违规扣分

在运行过程中下列情况属违规：

①对裁判正确的判罚不服从；

②其他严重影响比赛正常进行的活动。

如有以上行为者，在第 5 年经营结束后扣除该队 500 分。

(4)所有罚分在第 5 年经营结束后计算总成绩时一起扣除。

(5)如果两队最终得分相同，则扣分少的经营者排名靠前，若两队软件统计分数和扣分均相同，则先完成第 5 年经营者排名靠前。

（八）破产处理

当参赛队权益为负（指当年结束系统生成资产负债表时所有者权益为负）或现金断流时（权益和现金可以为零），企业破产。参赛队破产后，直接退出比赛。

（九）其他说明

(1)违约金扣除（每张违约单单独计算）——四舍五入；出售库存所得现金——向下取整；贴现费用——向上取整；扣税——四舍五入；长短贷利息（长贷利息是所有长贷加总乘以利率）——四舍五入。

(2)生产线变卖、紧急采购、订单违约、库存折价出售记入损失。

(3)企业每年的运营时间以裁判现场公布时间为准，如果发生特殊情况，经裁判组同意后可进行适当调整。

(4)每年投放广告结束后，将给各组 2 分钟的时间观看各组广告信息。

(5)每年经营结束，裁判公布各队综合费用表、利润表与资产负债表，发放打包好的电子间谍包。

（6）经营过程中不允许转让订单、转让产品、转让财产，即不允许组间进行交易。

（7）本技术文件的最终解释权归大赛组织委员会。

（十）固定参数

库存折价率（原料）	80％	库存折价率（产品）	100％
紧急采购倍数（原料）	2 倍	紧急采购倍数（产品）	3 倍
所得税率	25％	违约金比例	20％
选单市场同开数量/个	2	最大厂房数量/个	4
市场老大	无	信息费/W	5
选单时间/秒	50	首位选单补时/秒	25

附录C:2021年江西省职业院校技能大赛 沙盘模拟企业经营技能赛项规程

一、赛项名称

沙盘模拟企业经营技能赛

二、竞赛目的

沙盘模拟企业经营技能赛项考察选手在各行各业中基层管理岗位的通用管理能力,包括管理工具应用、模拟企业经营管理、持续改进管理规划三个部分。选手通过整合人、机、料、法、环五大要素,应用计划、组织、领导、控制四大职能,对采购、研发、生产、销售、财务核算、筹资与投资等常规企业流程实施精细管理,使企业保持依法依规、持续改进的良好经营状态。

赛项展示高职工商管理类专业学生应具备的扎实的知识技能、良好的职业道德、奋力进取的创新精神、强烈的社会责任感,同时,赛项突出互联网、国际化等外部环境变化因素,将国家"一带一路"倡议和产业发展趋势融入其中,从系统管理意识、基础管理技能和管理优化技能等三个衡量角度入手,配合国家专业标准落地实施,以赛促学、以赛促教,引领高职院校工商管理类专业建设方向,提升教师规范教学、创新教学的能力,培养学生规范管理、诚信经营、持续提升、开拓创新的意识和能力。

三、竞赛内容

本次大赛采用新道科技股份有限公司的"约创云平台V1.1"(以下简称系统)进行经营操作。每支参赛队有4名参赛选手,这四名参赛选手各司其职,协力完成4个年度周期的企业经营,对企业的采购、研发、生产、销售、计划、财务核算、筹资投资等管理流程进行统筹管理。本模块主要考察学生的科学决策、统筹思维和全面质量管理的系统管理意识,以及经营管理、综合应用、团队合作、沟通协调等能力。

内容包括从战略层面进行内部资源与外部环境评估、长中短期策略制定、市场趋势预测及既定战略调整;从财务层面进行投资计划制定、掌握资金来源及用途,妥善控制成本,编制及分析财务报表;从运营层面进行产品研发决策、生产采购流程决策、库存管理、产销结合匹配市场需求;从营销层面进行市场开发决策、新产品开发、产品组合与市场决策定位。

在竞赛中,参赛选手将遇到企业经营中常出现的各种典型问题以及市场中变幻莫测的各种情况。参赛选手需要发现机遇,分析问题,制定决策,并且加以执行,解决问题,从而实现企业盈利及可持续发展。

四、竞赛方式

沙盘模拟企业经营技能竞赛为团体赛,以院校为单位组队参赛,不得跨校组队,同一学校相同项目报名参赛队不超过 1 支。每支参赛队由 4 名参赛选手、不超过 2 名指导教师组成。竞赛形式为现场技能竞赛。

五、竞赛流程

日期	时间	内容	参加人
报名	14:30—15:30	报到,核对报名信息,领取参赛资料	各参赛院校领队、指导老师、参赛选手
	15:30—17:30	赛前说明会	各参赛院校领队、指导老师、参赛队长
	晚餐休息		
竞赛	07:30—08:00	参赛选手检录	各参赛院校参赛选手
	08:00—11:50	第一年经营,第二年经营	
	11:50—13:00	午餐	
	13:00—17:00	第三年经营,第四年经营	
	赛事结束,各参赛队伍自行返程		全体

注:具体时间安排以最终参赛指南为准!

六、竞赛试题

为保证竞赛公平、公正。本次竞赛由沙盘模拟企业经营大赛专家组出题,比赛现场抽取参赛选手随机抽题。

样卷见附件。

七、竞赛规则

1.报名资格:参赛选手须为普通高等学校全日制在籍专科学生或本科院校中高职类全日制在籍学生或五年制高职四、五年级在籍学生。

2.报名要求:参赛选手和指导教师报名获得确认后不得随意更换。如比赛前参赛选手和指导教师因故无法参赛,须由省级教育行政部门于参与赛项开赛前一周出具书面说明,经大赛执委会办公室核实后予以更换;团体赛选手因特殊原因不能参加比赛时,由大赛执委会办公室根据赛项的特点决定是否可进行缺员比赛,并报大赛执委会备案。

3.赛前说明会:比赛日前一天 15:30～17:30 召开赛前说明会,由各参赛队伍的领队、指导教师和队长参加,会议讲解竞赛注意事项并进行赛前答疑,现场抽签。

4.参赛队员入场:参赛选手应提前 30 分钟到达赛场,凭参赛证、学生证、有效身份证检录,按要求入场,不得迟到早退。并根据抽签结果在对应的座位入座,裁判负责核对参赛队员信息。

5.各参赛队伍打开电脑,进入竞赛平台,并修改各自密码。

6.由裁判长宣布比赛开始,各参赛队伍开始竞赛。

7.比赛当日参赛选手午餐在赛场内进行。

8.竞赛过程中,如有疑问,参赛选手应持示意牌示意,项目裁判长应按照有关要求及时予以答复。

9.比赛开始后,在运营过程中,赛场裁判负责控制选单进程,并宣布阶段性成绩。

10.按照竞赛规程,在经营四个会计年度后,裁判公布竞赛成绩并将成绩登录在竞赛成绩单上。

11.各参赛队伍派一名参赛代表在竞赛成绩单上签字,监督员监督所有参赛队伍签字后,裁判签字。

12.赛场裁判将数据进行备份和保存,成绩单提交给大赛执委会备案。

13.参赛代表队若对赛事成绩有异议,可由领队按规程提出书面申诉。

八、竞赛环境

1.赛场环境

(1)光线、通风良好,温湿度适宜。

(2)配备有稳定的水、电、气源和应急供电设备,设置消防逃生通道。

2.硬件设备

(1)满足比赛用桌椅。

(2)4台电脑。

(3)计算器。

九、技术规范

竞赛以现行的财经法律、法规和财政部、国家税务总局、人民银行、国家质监局等出台的会计、税务、金融法规、制度和规范性文件为依据。如《中华人民共和国公司法》《企业内部控制基本规范》《ISO9000质量管理体系》《ISO14000环境管理体系》《企业会计准则》《中华人民共和国企业所得税法》。

十、技术平台

序号	设备名称	规格
1	约创云平台	约创云平台V1.1
2	支持的数据库及版本	自带mysql数据引擎

续表

序号	设备名称	规格
3	服务器	数量：每个赛区 2 台，共 4 台 配置：处理器 2 颗 Intel Xeon E5 8 核心 2.0GHz 16G 内存 DDR4 RECC 2133MHz、硬盘：80G SSDX 2、网卡：1000 兆、电源：1400W 冗余电源、操作系统：centOS 7.4 或者 windows server 2008R2
4	UPS 不间断电源	每个赛区 1 个，确保服务器及交换机不断电
5	交换机	每个赛区 6 台，共 12 台 配置要求如下：千兆交换机 速度：1000Mbps 接口数：24
6	电脑	每支参赛队 4 台电脑（按要求配置）
7	计算器	每支参赛队 4 个计算器
8	支持的操作系统及版本	windows server 2003 32 位/64 位、 win7 32 位/64 位、 win8 32 位/64 位、 win9 32 位/64 位、 mac OS 10.10.5 以上

十一、成绩评定

(一)评分标准制定原则

1.本赛项评分标准制定遵循"公平、公正、公开"的原则。

2.机考系统评分，无人为因素干扰。

(二) 评分方法

分值项	分值	评分方法	审核方法	公布方法
经营结果得分	100 分	以第四年的系统【分数】排名顺序确定评分	现场裁判审核	选手签字确认
报表减分	1 分/年	每年结束后裁判核对各组报表填写情况	参赛选手、现场裁判、监督签字	选手签字确认

特别说明：

(1)报表审核只审核"资产负债表"。

（2）所谓全部正确是指报表各项（除所得税外）与系统报表数据完全相同。

（3）考虑计算工具的误差，所得税项与系统数据允许误差 0.01。

（4）系统【分数】的计算公式：

第四年的系统【分数】＝第四年 OID 平均值×当年权益

其中：OID 平均值是各市场的 OID 值的平均数。

第四年分数排名评分标准

分数排名	得分	分数排名	得分
1	100	11	70
2	97	12	67
3	94	13	64
4	91	14	61
5	88	15	58
6	85	16	55
7	82	17	52
8	79	18	49
9	76	19	46
10	73	20	43

（5）小组百分制得分出来之后，减去罚分，按照分数进行排名，即各组总分＝排名得分－罚分。

（6）总分排名规则。

▶单区排名

首先按照总分大小排名，若（A1）100 分＞（A2）97 分，则 A1 为 A 区第一名，A2 为 A 区第二名；若（A1）97 分＝（A2）97 分，同时 A1 所有者权益大于 A2，则 A1 为 A 区第一名，A2 为 A 区第二名。

▶如果存在两个及以上赛区，则需要综合排名。各区成绩统计完成之后，先按照总分排名，如果总分相同，则按照各区的所有者权益比重进行综合排名。

例如：若 A 区第一（A1）100 分，B 区第一（B1）99 分，C 区第一（C1）98 分，则 A1 为赛项第一名，B1 为赛项第二名，C1 为赛项第三名；若 A 区第一（A1）和 B 区第一（B1）及 C 区第一（C1）同为 100 分；A1 的最终所有者权益在 A 区（破产组除外）的比重（A1 的最终所有者权益/A 区第四年所有者权益平均值）＞B1 的最终所有者权益在 B 区（破产组除外）的比重（B1 的最终所有者权益/B 区第四年所有者权益平均值）＞C1 的最终所有者权益在 C 区（破产组除外）的比重（C1 的最终所有者权益/C 区第四年所有者权益平均值），则 A1 得分 100 分，B1 得分 99.9 分，C1 得分 99.8 分。

十二、赛项安全

为保障技能竞赛一切工作顺利开展,赛项执委会将采取切实有效措施保证大赛期间参赛选手、指导教师、裁判员、工作人员及观众的人身安全。

(一)比赛环境

1.执委会须在赛前组织专人对比赛现场、住宿场所和交通保障进行考察,并对安全工作提出明确要求。赛场的布置,赛场内的器材、设备应符合国家有关安全规定。承办单位赛前须按照执委会要求排除安全隐患。所有与竞赛有关的设备、设施,在赛前要按照有关规定进行检查,确保其正常运行;现场安排技术人员,一旦发现设备问题及时处理。

2.赛场周围要设立警戒线,要求所有参赛人员与工作人员必须凭执委会印发的有效证件进入场地,防止无关人员进入发生意外事件。指定专业技术人员从事有关赛场的技术工作,对工作人员进行安全教育,督促其加强安全意识,按照规范作业。在赛前准备会上,向所有参赛人员、观摩人员宣读安全须知,裁判和工作人员在现场监督选手,确保其正确作业,避免危险。

3.承办单位应提供保证应急预案实施的条件。对于比赛内容涉及大用电量、易发生火灾等情况,必须明确制度和预案,并配备急救人员与设施。在赛前须知内写入消防安全内容,向所有相关人员强调消防安全的重要性;在赛场和工作场所预留消防通道,为消防通道做好明显标记,确保消防通道畅通。

4.严格控制与参赛无关的易燃易爆以及各类危险品进入比赛场地,不许随便携带书包进入比赛场地。

5.大赛现场需对赛场进行网络安全控制,以免场内外信息交互,充分体现大赛的严肃、公平和公正性。

6.执委会须会同承办单位制定开放赛场和体验区的人员疏导方案。赛场环境中存在人员密集、人流交错的区域,除设置齐全的指示标志外,还须增加引导人员,并开辟备用通道。

7.赛场安排校医值班,及时处理可能发生的医疗需求。

8.大赛期间,承办单位将按照执委会要求在赛场管理的关键岗位,增加力量,建立安全管理日志。

(二)组队责任

1.各学校组织代表队时,须安排为参赛选手购买大赛期间的人身意外伤害保险。

2.各学校代表队组成后,须制定相关管理制度,并对所有选手、指导教师进行安全教育。

3.各参赛队伍须加强对参与比赛人员的安全管理,实现与赛场安全管理的对接。

(三)应急处理

比赛期间发生意外事故,发现者应第一时间报告执委会,同时采取措施避免事态扩大。执委会应立即启动预案予以解决并报告举办单位领导。赛项出现重大安全问题可以停赛,是否停赛由执委会决定。

（四）处罚措施

1. 因参赛队伍原因造成重大安全事故的,取消其获奖资格。

2. 参赛队伍有发生重大安全事故隐患,经赛场工作人员提示、警告无效的,可取消其继续比赛的资格。

3. 赛事工作人员违规的,按照相应的制度追究责任。情节恶劣并造成重大安全事故的,由司法机关追究相应法律责任。

十三、竞赛须知

（一）参赛队须知

比赛期间组委会负责提供电脑,所有电脑安装录屏软件,一旦发生问题,以录屏结果为证,裁决争议。如果擅自停止录屏过程,则按系统的实际运行状态执行。

比赛期间带队老师不允许入场;所有参赛队员不得使用手机与外界联系,不得使用各种手段通过 Internet 与外界联系,否则取消参赛资格;比赛期间计时的时间以本赛区所用服务器上时间为准,赛前选手可以按照服务器时间检查自己电脑上的时间,大赛设裁判组,负责大赛中所有比赛过程的监督和争议裁决。

（二）指导教师须知

1. 指导教师在比赛期间不得进入赛场,不得以任何方式与正在比赛的参赛选手联系。

2. 比赛期间,若出现问题,要及时通过领队向组委会反映和协商解决,不得影响正常比赛。

（三）参赛选手须知

1. 所有参赛选手进入赛场必须统一佩戴由大赛组委会签发的相应证件,着装整齐。

2. 参赛选手需提前 30 分钟抵达赛场,凭参赛证、学生证和身份证（三证必须齐全）在赛场工作人员引导下进行赛前准备。进入赛场后,将证件放在桌子指定位置,禁止携带任何通信设备及与比赛无关的电子设备,否则取消参赛资格。比赛开始后,迟到 15 分钟的选手不得进入赛场。

3. 比赛过程中出现设备或软件故障等问题,应提请项目裁判长确认原因。项目裁判长请示总裁判长同意后,可将该选手大赛时间酌情后延。

（四）工作人员须知

1. 工作人员需佩戴由大赛组委会签发的相应证件,各司其职。

2. 工作人员对未佩戴任何证件企图进入赛场的人员一律禁止入内。

3. 工作人员有权制止参赛选手在比赛期间携带任何通信设备及与比赛无关的电子设备或与外界联系,如制止无效则通报给裁判组,经裁判组裁定将取消大赛成绩。

4. 裁判组对大赛相关事项进行公告。比赛过程中如出现违规、违纪、舞弊等现象,经裁判组裁定将取消大赛成绩。

十四、样题规则

初始现金	600W

时间规则				
进程	年初广告	第一轮选单	第二轮选单	年中	年末
时间	5分钟	10分钟	5分钟	15分钟/季	10分钟

原料订货规则										
序号	供应商标识	原料标识	单价	当前数量	质保期/天	交货期/天	违约金比例	违约容忍期/天	OID减数1	OID减数2
1	系统供应商	R1	10	2 000	100	20	0.2	20	0.1	0.1
2	系统供应商	R2	10	2 000	100	20	0.2	20	0.1	0.1
3	系统供应商	R3	12	2 000	100	20	0.2	20	0.1	0.1
4	系统供应商	R4	12	2 000	100	20	0.2	20	0.1	0.1

现货交易规则					
序号	原料类型	市场库存	市场出售单价/万元	市场回收单价/万元	出售质保期/天
1	R1	20	20	5	50
2	R2	20	20	5	50
3	R3	20	24	6	50
4	R4	20	24	6	50
序号	原料类型	市场库存	市场出售单价/万元	市场回收单价/万元	出售质保期/天
1	P1	20	100	30	0
2	P2	20	100	40	0
3	P3	20	200	50	0
4	P4	20	200	60	0

交货规则							
序号	项目	订单违约金比例	违约容忍期限/天	OID减数1	OID减数2	临时延期交货时间/天	临时单价放大倍数
1	本地	0.2	30	0.3	0.1	90	1
2	区域	0.2	30	0.3	0.1	90	1
3	国内	0.2	30	0.3	0.1	90	1
4	亚洲	0.2	30	0.3	0.1	90	1
5	国际	0.2	30	0.3	0.1	90	1
6	原料零售	0.25	30	0.3	0.1	0	0
7	产品零售	0.25	30	0.3	0.1	0	0

产品规则					
原料	P1	P2	P3	P4	P5
R1	1	1		1	
R2		1	1		1
R3			2	1	1
R4				2	
P1					
P2					1
P3					
P4					

产品研发规则					
资质名称	P1	P2	P3	P4	P5
研发状态	未研发	未研发	未研发	未研发	未研发
投资期	1	2	3	4	5
每期投资额/W	10	10	10	10	10
每期研发时间/天	60	60	60	60	60

市场资质规则							
资质名称	本地市场	区域市场	国内市场	亚洲市场	国际市场	ISO9000	ISO14000
研发状态	已研发	已研发	未研发	未研发	未研发	未研发	未研发
投资期	1	1	1	2	3	1	2
每期投资额/W	20	20	20	20	20	20	20
每期研发时间/年	1	1	1	1	1	1	1

厂房规则				
序号	1	2	3	4
厂房标识	A	B	C	D
生产线容量	4	4	4	4
购买价格/W	300	300	300	300
每年租金/W	77	77	77	77
出售账期/天	60	60	60	60
租金违约金比例	0.1	0.1	0.1	0.1
违约容忍期限	30	30	30	30
OID 减数 1	0.1	0.1	0.1	0.1
OID 减数 2	0.1	0.1	0.1	0.1

人员规则			
工资类/工种	初级工	中级工	高级工
计件工资	4	5	6

原料规则		
类型	来源	处理提前期/天
R1	系统供应商	30
R2	系统供应商	30
R3	系统供应商	30
R4	系统供应商	30

类型	来源	处理提前期
R1	非系统供应商	30
R2	非系统供应商	30
R3	非系统供应商	30
R4	非系统供应商	30

广告和企业知名度							
广告类型	投放时间	市场	广告效应延迟时间	广告基数	第一年有效权重	第二年有效权重	第三年有效权重
战略	年中	分市场	3 年	投入该市场有效战略广告总和	0.6	0.3	0.1
促销	年初订货会前	分市场	当年有效	该市场的促销广告总和	1	0	0

情报规则		
价格	跟踪时间	跟踪企业数
0	30	1

违约扣款规则						
序号	费用明细	是否扣减全部市场 OID	违约金比例	违约容忍期限/天	OID 减数 1	OID 减数 2
1	管理费	是	1	30	0.1	0.1
2	所得税	否	0	30	0	0
4	折旧	否	0	30	0	0
5	维修费	是	0.2	30	0.1	0.1
6	基本工资	否	0	30	0	0
7	员工福利	否	0	30	0	0

贴现规则		
序号	贴现费用率	贴现期/天
1	0.05	30
2	0.10	60
3	0.15	90
4	0.20	120

贷款规则												
序号	贷款类型	还款/利息违约容忍期/天	利息违约金比例	还款违约金比例	本金OID减数1	本金OID减数2	利息OID减数1	利息OID减数2	最长期限	每期天数	贷款金额/份	利率
1	长贷	25/30	0.1	0.1	0.1	0.2	0.1	0.2	3 年	360	20	0.10
2	短贷	25/30	0.1	0.1	0.1	0.2	0.1	0.2	4 季	90	10	0.05

费用规则							
序号	费用类型	算法	计算值/万元	费用比例	扣减资源	计算时间	是否手工操作
1	管理费	固定常数	5	1	现金	每月 1 日	是
2	维修费	生产线原值×费用比例	计算	0.1	现金	满 360 天	是
3	折旧	(生产线原值－残值)/折旧年限	计算	1	生产线净值	满 360 天	系统自动扣除
4	所得税	(当年权益－纳税基数)×费用比例	计算	0.2	现金	每年年末	系统自动扣除

类别	OID 影响因素	影响范围	计算方式
OID 增值	交货无违约	单一市场	常量
	市场占有率	单一市场	计算值
	贷款无违约	全部市场	常量
	付款收货无违约	全部市场	常量

类别	OID 影响因素		影响范围
OID 减值	订单违约交单	容忍期内完成强制执行	单一市场
	还贷及利息违约	容忍期内完成强制执行	全部市场
	付款收货无违约	容忍期内完成强制执行	全部市场
	年初现金为负	现金为负	全部市场
	支付费用违约	容忍期内完成强制执行	全部市场

第 0 年资产负债表					
资产	期初	期末	负债和所有者权益	期初	期末
流动资产：	600	600	负债：		
现金			长期负债		
应收款			短期负债		
在制品			应付账款		
成品			应交税金		
原料			一年内到期的长贷		
流动资产合计	600	600	负债合计		
固定资产：			所有者权益：		
土地和建筑			股东资本	600	600
机器与设备			利润留存		
在建工程			年度净利		
固定资产合计			所有者权益		
总资产合计	600	600	负债和所有者权益合计	600	600

参 考 文 献

［1］王志强、刘荣锋、张红霞:《企业 ERP 沙盘模拟经营实训教程》,国家行政学院出版社 2016 年版。

［2］马小然、邓雅琪、顾瑛瑛等:《ERP 沙盘模拟企业经营实训教程》,中国财政经济出版社 2018 年版。

［3］汪静:《财务会计》,人民邮电出版社 2014 年版。

［4］杨天中、符超:《ERP 沙盘模拟企业经营实训教程》,华中科技大学出版社 2011 年版。

［5］吕向敏、郑颖:《财务管理》,冶金工业出版社 2008 年版。

［6］李家华、杨早娥:《基础会计》,北京邮电大学出版社 2012 年版。

［7］刘洪玉、刘丽:《企业经营模拟原理及 ERP 沙盘实训教程》,清华大学出版社 2013 年版。

［8］吴雪贤:《企业经营管理沙盘模拟实训教程》,北京师范大学出版社 2016 年版。

［9］宁键、梁伟:《ERP 沙盘模拟企业经营实训教程》,东北财经大学出版社 2015 年版。

［10］王新玲、郑文昭、马雪文:《ERP 沙盘模拟高级指导教程》,清华大学出版社 2009 年版。

［11］潘峰、刘秩宏:《企业经营管理沙盘模拟实训教程》,北京交通大学出版社 2010 年版。

［12］《创业英雄》编委会:《2017 年第六届中国创新创业大赛纪实》,科学技术文献出版社 2018 年版。

［13］雷重嘉、池云霞、靳润奇等:《创新创业案例与分析》,高等教育出版社 2019 年版。

［14］樊建平、张玉利:《创富志:从高知到企业家的蝶变》,海天出版社 2018 年版。